R

In der Einsamkeit des Abgrundes: Oh, du Fluss Guadalavín!- Wadi al-laban, du bist stumm und ein ruhiger Zeuge unserer Annalen. Unbändig oder still, deine Gewässer haben dieses Tuch aus Gestein und Formen gestaltet, die die Schlucht unserer Stadt streicheln, um sie mit Sicherheit und Schönheit zu umgeben, abhängig von den geschichtlichen Lüften, die du durchlebtest, manchmal gedankt, manchmal gering geschätzt. Deine Notwendigkeit und direkte Teilnahme an den Annalen der Stadt, verwandeln dich in den glaubwürdigen Erben unserer ausgedehnten Geschichte. An dich muss man sich hauptsächlich wenden, um die wirklichen Gründe der Gestaltung Rondas als Stadt, sowohl geschichtlich wie auch sozial und wirtschaftlich verstehen zu können.

Der Autor

Publicaciones
RONDA 2000 S.L.

© Autor: José Páez Carrascosa
Übersetzung: Gudrun Sievers
© Edition und Produktion: Publicaciones Ronda 2000 S.L.
Lichtdruck: Edilux S.L.
© Entwurf, Layout und Zeichnungen: Miguel Román y Pablo Román
© Fotos: J. Agustín Núñez
© Archiv-Fotos: Salvador Ordóñez "Cuso"
Drucklegung: Copartgraf S.C.A.
© Jegliche Reproduktion verboten. Alle Rechte vorbehalten
© All Rights Reserved.
Vertrieb: Publicaciones Ronda 2000 S.L.
Tíno. y Fax: 952 87 34 68

D.L.: GR-161/03
I.S.B.N.: 84-932956-2-0

■ Inhalt

Die Geschichte Rondas
6-12

Ronda und seine Monumente
14-16

Ein Besuch in Ronda
Route 1: 17
Der Spanische Platz
Neue Brücke
Kloster von Santo Domingo
Haus des Maurenkönigs

Marqués de Salvatierra-Palast
Tor von Philipp V
Stadtviertel des Kleinen Marktes
Vater-Jesus-Kirche & Brun-nen der Acht Röhren
Arabische Bäder
Alte Brücke und San Miguel-Brücke

Mauern und Xijara-Tor
Räubermuseum

Route 2: 41
Rathaus
María-Hilf-Kirche
Kirche und Kloster von Santa Isabel

Kirche der Heiligen Maria
Palast von Mondragón
Museum Joaquín Peinado
Kirche Virgen de la Paz
Haus San Juan Bosco

Route 3: 59
Stierkampfarena
Promenade Blas Infante und Allee

Fliesentafel für Blas Infante und Beschreibung des Historischen Andaluzismus
Orson Welles- Gedenktafel
Kloster der Gnade
Platz & Kirche des Beistands
Tempelchen der Jungfrau der Schmerzen
Denkmal zu Ehren von Giner de los Ríos

Platz und Kirche der Barfüssermönche

Stadtviertel der Felsen
Rondesischer Balkon

Route 4: 73
Ein Spaziergang durchs Stadtviertel San Francisco
Minarett von San Sebastián

Heilig-Geist-Kirche

Tore von Almocábar und Karl V
Felskirche der Jungfrau des Hauptes

Route 5: 81
Erster Tag: Spaziergang durch den „Parque Natural de las Nieves" (Naturpark des Schneegebirges)
Zweiter Tag: Spaziergang durch das „Valle del Alto Genal" (Tal des oberen Genal)
Dritter Tag: Spaziergang durch die „Pueblos Blancos" (Weisse Dörfer)

Ronda aus dem "Barrio de las Peñas"
(Stadtviertel der Felsen) gesehen

RONDA
aus der Nähe betrachtet

Vorwort
Die Geschichte Rondas
Ronda und seine Monumente

RONDA
aus der Nähe betrachtet

• **ABBILDUNG RONDAS** *Illustration von 1649.*

• **RONDA UND SEINE STADTVIERTEL.** *Es waren das 16. und 17. Jh., die unserem Ronda die aktuelle Gestalt gaben. Der Hauptteil, Madinat, fängt an „La Ciudad" (die Stadt) genannt zu werden, die Oberstadt ist ab jetzt "Das Stadtviertel des Heiligen Geistes" und die Unterstadt, verlassen von den meisten Einwohnern, wird jetzt "Stadtviertel des Heiligen Michael" genannt. Die neuen Stadtviertel "Der Kleine Markt" und "Heiliger Franziskus" werden zu Symbolen der Entwicklung einer neuen Gesellschaft.*

• **HÖHLE DER KATZE** *(rechts). Zwischen den Dörfern Montejaque und Benaoján, berühmt für ihre Fleischereien, findet man die "Cueva del Gato" (Höhle der Katze).*

DIE GESCHICHTE RONDAS

■ **RONDA IM ALTERTUM.** Der Untergrund unserer Stadt ist ein Buch, in dem uns jede Schicht mit Klarheit die Elemente, die der Mensch nach 3000 Jahren Bewohnung hinterlassen hat, aufzeigt: Töpfe, Schalen, Näpfe …keltische Hünengräber von Läufern oder die äusserst wichtige Gussform für Bronzeschwerter vom Typ „Sa-Idda" (7.Jh. v. Chr.) Ziegel, Grabstätten, Getreidespei-

cher, Grabsteine, Wasserleitungen, Statuen, Amphoren, römische Inschriften…, treffen wir verborgen durch die Übereinanderlagerung der unzählbaren Reste andalusischer Kultur an. Nach Plinius sahen wir uns überrascht über die Ankunft eines unbekannten kriegerischen Volkes, die bastul. Kelten, die unsere Wasser im 6. Jh. v. Chr. tranken, sich mit anderen Nachbarvölkern vermischten, den Iberern, um am Ende die Grenzen dieser Bergländer zu beherrschen. Griechen, Kart- hager, Römer, Westgoten, Araber, Berber, alle diese Völker gaben diesem Schmelztiegel aus Traditionen, Kulturen und

Geschichte Gestalt, die heute unsere rondesische Gesell-

Ronda
aus der Nähe betrachtet

schaft bilden. So sind die Tatbestände. Es musste der Verrat vom römischen Prätor Galba, der darauffolgende Aufstand und sein späterer Tod gewesen sein, damit der General Scipio Aemilianus im Jahre 139 v. Chr. in Arunda den Ritterorden „Legio Arundensis" gründen konnte. Er befahl, die Burg Laurus zu bauen, deren Ende absehbar war:
Die Befriedung und Kontrolle der keltisch- iberischen Stämme unserer „Serranía" (Gebirgsland), immer nah an Aufständen und Verteidigung ihrer Freiheit. Unter dem Schutz der Burg und unter

diese freihängend gelegt wie ein Rosenkranz von weissen Perlen, wurde der erste urbane Kern und Embryo unserer Stadt Ronda geboren.
Während des 1. Jh. v. Chr. stritten sich die angesehenen Männer des Römischen Imperiums Sulla, Sertorius, Pompeius und später Cäsar und Oktavian um die Macht in den politischen Parteien. Sertorius zerstörte unsere Stadt von „Arunda" und ihre Burg Laurus in seinem Krieg gegen Pompeius. Im Jahre 45 v. Chr. baute man in unserer Stadt einen Altar in heutiger Lage der Kirche „Santa María de la Encarnación" (Heilige Maria der Fleischwerdung), um den Sieg von Gaius Julius Cäsar über Gnaeus und Sextus, Söhne von Pompeius, feierlich zu begehen. Unsere Geschichte war immer sehr weitschweifend!
Eine natürliche Festung mit mehr als 500 Metern natürlichen Grabens, 170 Meter Tiefe, einer privilegierten Situation bei der Kreuzung der römischen Chausseen, die von Cádiz (nach Zahara) und Gibraltar (zum Guadiaro- Tal) kamen.

• DIE HÖHLE "LA PILETA" wurde im Jahre 1905 von José Bullón Lobato entdeckt. 1924 wurde sie zum Nationaldenkmal erklärt. In ihrer "Kammer des Heiligtums", wurden, abgesehen von zwei menschlichen Figuren und vielfältigen Symbolen, 14 paläolithische Darstellungen von „Solutrense" und in ihrem "Raum des Fisches" die spektakulärste und sinnbildlichste Malerei der Höhle „el Pez" (der Fisch) entdeckt.

• ACINIPO, Weinland oder Ronda "DAS ALTE". Es wurde Gemeinde mit der Vollmacht, eigene Münzen prägen zu dürfen, die die Beschriftung von Acinipo mit Weintrauben und zwei Getreideähren erhielten. Sein repräsentativstes und am besten erhaltenes Gebäude ist das Theater.

RONDA
aus der Nähe betrachtet

• **PUERTA DE ALMOCÁBAR.** *Tor von Almocábar „Al-maqâbir", Tor des Friedhofs, 13. Jh. Es war das Eingangstor der Stadt und gab Zugang zur Oberstadt, heute „Espíritu Santo".*

• **MINARETT VON SAN SEBASTIAN**, *14. Jh. Einziges in Ronda erhaltenes nasridisches Minarett.*

■ MOSLEMISCHES RONDA

Unsere Nähe zur Meerenge von Gibraltar, praktisch nur eine Tagesreise entfernt, verflocht uns vom ersten Moment mit den ersten islamischen Invasionen, die aus Nordafrika herrührten. Im Jahre 712 kommt der General Musa Ben Nusayr nach Spanien und in Folge erobert sein Sohn Abd al Aziz unsere Stadt mit der Burg von Laurel im Jahre 713 und befiehlt, über den Ruinen die Stadt Izna-Rand-Onda zu bauen.

Klar und logisch ist die anerkannte Wichtigkeit, die die neuen Eroberer unserer Stadt Ronda in diesen Momenten entgegenbringen, und durch ihre Verwaltungsorganisation verwandeln sie sie zur Hauptstadt von Tacaroma, eine der 5 „coras" (Bezirke) oder Regionen, in die der Süden Andalusiens unterhalb der Provinz Sevilla unterteilt ist. Nach dem Historiker Ibn Hazm kamen in die Gegend von Ronda und dem Genal-Tal die Walhasa, Bergstämme aus Nordafrika mit einer Minderheit arabischer Familien. Nach der unglücklichen Regierungszeit von Hixen II, nutzt ein berberischer Stellvertreter , Abú Núr, die Zerrüttung des Kalifats von Cordoba aus, erschafft die Partei des Banu Ifrán, konstruiert die

Ronda
aus der Nähe betrachtet

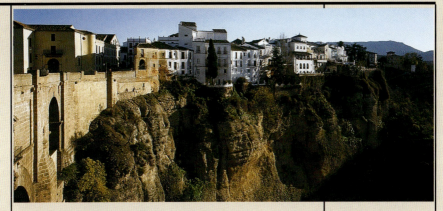

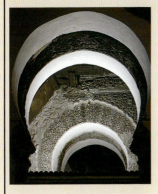

wichtigsten Gebäude und verstärkt ihre Mauern und Verteidigungsanlagen. Ab diesem Moment nimmt Madinat Ronda die Gestalt der Stadt an, die sie bis heute kennzeichnet. Die Unabhängigkeit Rondas dauerte nicht lange. Begehrt genauso von den Königen von Málaga wie von denen von Sevilla, wird unser Madinat von diesen Teilreichen in seiner Seefahrt durch die Geschichte bis zur Vereinigung von Al-Andalus durch Almoraviden und Almohaden begleitet.

Der Nasriden-König Mohamed II, in die Enge getrieben und eingeschüchtert durch die grossen christlichen Siege am unteren Guadalquivir und die grosse Macht von Kastilien, richtet sich an den Emir Abú Yusuf Yaqub in Fez, Gründer des Marinidenimperiums, um ihn um Hilfe bei den plötzlichen Eroberungen zu bitten, und bietet ihm als Tausch dafür die Städte Tarifa, Algeciras und Ronda im Jahre 1275 an. 1295 kommen die Mariniden nach Marroko und geben dem Nasriden-König Mohamed III seine Orte in Andalusien und unter ihnen auch Ronda zurück. Es wird von Neuem von den Mariniden im Jahre 1314 eingenommen, die sie von diesem Moment an wegen seiner unbekämpfbaren Stärke zwischen den Grenzen der christlichen Königreiche vom Guadalquivir-Tal, dem Königreich von Granada und dem Norden von Afrika, in den Kontrollschlüssel der Meerenge von Gibraltar und zum Überbleibsel der Nasriden-Königreiche verwandeln. Diese einmalige Situation besteht bis zur Rückeroberung. Ungeachtet dessen ziehen sich 1340 die Mariniden definitiv von ihren afrikanischen Territorien zurück und von diesem Moment wird die Unterwürfigkeit unserer Stadt dem Königreich von Granada gegenüber wiederbestärkt bis ins Jahr 1485.

• **Rainer Mª Rilke:** „Ronda...ist eine unvergleichliche Gegend, ein gigantischer Fels, der auf seinem Rücken eine über und über mit Kalk weissgetünchte Stadt trägt."

• **Puente Viejo.** (Alte Brücke), Zeichnung Richard Ford, 19. Jh. Schriftsteller und romantische Zeichner formen ihre Fusstritte in deine Steine und Wege.

Ronda
aus der Nähe betrachtet

• **DAVID ROBERTS**, *Illustration aus dem 18. Jh.*

• **EROBERUNG RONDAS**
Wandtafel in der Kathedrale von Toledo, worauf der Ansturm und die Eroberung Rondas durch die Katholischen Könige im Jahre 1485 dargestellt ist.

Nach der Eroberung Rondas am 22. Mai 1485 betrafen die Stadt die Landverteilungen zwischen Adligen und Rittern, die an der Einnahme der Stadt beteiligt waren. Man gab dieser mit Datum vom 25. Juli 1485 in Córdoba das Recht, sich selbst nach eigenen Gesetzen und eigener Rechtsprechung regieren zu dürfen, wie es die Städte von Sevilla und Toledo besaßen, mit ihren Wahrzeichen der Königshäusern, bestehend aus einem goldenen Joch mit zugeschnittenen Jochriemen und Silberpfeilen in goldenem Feld. Die verschiedenen Aufstände der Mauren in unserem Gebirgsland wegen der Nichterfüllung der Kapitulationsverträge, abgeschlossen von König Boabdil und König Ferdinand nach der Eroberung von Granada und dem Ausweisungsdekret vom 31. März 1492 für die nichtkonvertierten Juden, führten dazu, dass sie ablehnten, dass unsere Stadt jemals wieder ihre politische, soziale und wirtschaftliche Position zurückbekommen könnte. Insgesamt gab man viele Landgüter, Dörfer und ländliche Bereiche in unserem Gebirgsland auf. Es waren das 16. und 17. Jh., die unserem Ronda die Gestalt gaben,

Ronda
aus der Nähe betrachtet

• **VICENTE ESPINEL** *(1550-1624), Schriftsteller, Dichter und Musiker. Er war ein Freund von Lope de Vega (1562-1635), den er Lehrmeister nannte, und von Miguel de Cervantes (1547-1616). Er fügte die fünfte Seite, die man Erste nennt, zur Spanischen Gitarre hinzu.*
Als Dichter war er der Schöpfer des Zehnachtelchtelsilbers, einer Gedichtform, die nach ihm, „Espinada" genannt wurde. Als Schriftsteller war er der Autor eines der Meisterwerke spanischer Literatur in unserem goldenen Jahrhundert, der Spitzbubennovelle „El escudero Marcos de Obregón" (Der Schildknappe M.d.O.)

so wie wir sie heute kennen. Der Hauptteil, Madinat, fängt an, „La Ciudad", die Stadt, genannt zu werden; das „Barrio Alto", die Oberstadt, ist ab jetzt das „Barrio del Espíritu Santo"; und das Untere oder Judería, wo sich Industrie, Gerbereien und eine Bordellzone ansiedeln, wird das Stadtviertel von San Miguel genannt, „bajo advocación de la Santa Cruz (unter Anrufung des Heiligen Kreuzes). Es ist aber das 18. Jh., welches unsere Stadt für die Zukunft formt. Man wurde reich sowohl in der Viehzucht als auch in der Industrie oder im Bergbau. Das Blühen des Handels, hauptsächlich mit dem Gebiet von Gibraltar, und ein grosses Bevölkerungswachstum gaben den Anlass für die Errichtung von bald symbolhaften Gebäuden, wie „Puente Viejo" (Alte Brücke), „Iglesia del Socorro" (Kirche des Beistands), „Iglesia de Santa Cecilia" (Kirche der heiligen Cecilia)… und den städtebaulichen Entwurf der wichtigsten Strassen und Plätze in der neuen Stadt.

Die schwierige Situation, erzeugt durch den Unabhängigkeitskrieg (1808-1812), gefolgt von der absolutistischen Periode Ferdinand VII, brachten für Ronda und sein Gebirgsland eine heikle Lage mit sich. Ausserdem setzten sich viele Räuber- und Schmugglerbanden fest, wie z.B. der berühmteste in der andalusischen Geschichte des Räuberwesens, José Mª „el Tempranillo" (der Frühe, 1805-1833). Dessen ungeachtet haben sich die Rondeser, deren freie Art ihre politisch am meisten herauszuhebende Eigenschaft ist, aktiv an der zeitgenössischen Geschichte mit ihren republikanischen, freiheitlichen und konservativen Kernen beteiligt. Es gab tadellose Tribune wie Ríos Rosas oder avantgardistische Pädagogen wie Giner de los Ríos, Gründer der freien Lehranstalt, oder sei es die erste Stadt der Provinz Málaga, die 1891 eine städtische Körperschaft mit republikanischer Mehrheit hatte. Berühmte Besucher werden

Ronda
aus der Nähe betrachtet

• **ANA AMAYA MOLINA**, Aniya "die Zigeunerin", geboren in Ronda am 27. September 1885, "grosse Sängerin und Tänzerin". Grosstante der aussergewöhnlichen Carmen Amaya. Sie trat in den besten Lokalen Spaniens auf, zusammen mit den besten Sängern ihrer Zeit. Geliebt und respektiert von allen, war sie auch mit Künstlern und Dichtern wie Manuel de Falla und Federico García Lorca bekannt.

•**Don Fernando de los Ríos**, berühmter Rondeser (1879-1949), Minister für öffentliche Bildung, der Justiz und des Staates während der zweiten Republik (Strasse der Abhilfe).

während diesem komplexen 19. Jh. in Ronda empfangen. Das Herzogspaar von Montpensier besucht uns 1849 und die Kaiserin Eugenia von Montijo, Witwe Napoleons des III, besucht uns 1877. Ein Jahrhundert, das mit einer Trockenperiode und starken sozialen Problemen endet,

begleitet von Streiks und Aufruhren und der Einweihung der Eisenbahn 1891. Das 20. Jh. war für Ronda ein Jahrhundert der Zukunftsentwicklung, getrübt durch den Bürgerkrieg und den Jahren der Unsicherheit danach. Alfons XIII besucht uns 1909. Man stattet die Stadt mit einem modernen Wasserversorgungssystem und einem neuen Friedhof aus. Man baut Hotels und gründet die Sparkasse von Ronda im Februar 1909, die der erste Sparverein Andalusiens ist. Der erste Georgistisch-Spanisch-Amerikanische Kongress über die Einheitssteuer findet in Ronda im Mai 1913 statt, und später, 1919, ist es in unserer Stadt, wo Andaluzismus seine Basis mit der Schaffung des andalusischen Wappens und der grün- weissen Fahne gründet. Es siedeln sich viele Fleisch-, Ziegel-, Möbelfabriken und Winzer an. Man eröffnet viele Cafés und Kulturzentren, die eine eigene Tätigkeit in einer Kapitalstadt wiederspiegeln, in der der Handel mit ihren Bergdörfern eine Haupttätigkeit war. Am Ende des 20 Jh., nach der Krise in den 50er und 60er Jahren mit der Auswanderung von fast der Hälfte der arbeitenden Bevölkerung und der Aufgabe der Mehrheit der Handwerksberufe folgen Jahrzehnte, in denen eine Sozial- und Arbeitsreaktivierung eingeleitet wurde aufgrund des Tourismus, der in die Stadt floss, das historische Erbe und die am besten erhaltene natürliche Umgebung in ganz Andalusien suchend.

Marqués de Salvatierra, Hauptfassade

RONDA
aus der Nähe betrachtet

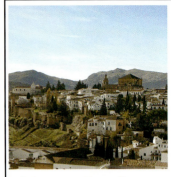

- **MAUERN UND XIJARA- TOR,**
11.Jh. In der Mitte, „Iglesia Santa María la Mayor" (Kirche der Heiligen Maria), 16.-17. Jh.

RONDA UND SEINE MONUMENTE

Seine privilegierte Situation, unter dem Schutz des Tajo mit mehr als 500 Metern natürlichen Grabens und 170 Metern Tiefe, haben es in eine Stadt mit mehr als 3000 Jahren Geschichte und in eines der am besten erhaltenen und wichtigsten Denkmalsensemble Spaniens verwandelt.

(6) **PLAZA DE TOROS DE RONDA**
Stierkampfarena von Ronda. Heiligtum des Stierkampfs zu Fuss, ist die ältesterhaltene für den modernen Stierkamf. Erbaut Ende des 18. Jh.

(4) **DAS RATHAUS**
Es wurde 1734 als Bürgerwehrkaserne von Philipp V gebaut.
Seit 1978 ist es unser Konsistorial- oder Gemeindehaus.

(8) **MONDRAGON PALAST**
Er war die Residenz des Marinidenkönig Abomelik, Sohn des Imperators von Fez, König von Ronda und Algeciras zu Beginn des 14. Jh.

(9) **„BAÑOS ÁRABES" (ARABISCHE BÄDER)**
Gelegen beim Schlangenbach und der San Miguel-Brücke. Besteht aus drei Räumen, 13.-14. Jh.

(1) **SANTA MARIA LA MAYOR**
Errichtet über der alten Moschee.

Ronda
aus der Nähe betrachtet

⑤ **Haus von San Juan Bosco** („Hängendes" Haus) Jugendstil, sehr repräsentativ für die Architektur und die Gesellschaft Rondas zu Beginn des 20.Jh.

② **Denkmal für den Meister Antonio Ordoñez** vom Bildhauer Nicomedes Díez Piquero, 1996.

① **Kirche Santa María** Episteltor. Eleganter Barock aus dem 18. Jh. Der Eingangsbogen ist durch Pfeiler grosser Dicke und durch Mauernischen mit 2 geflügelten Löwenfiguren auf den Seiten markiert.

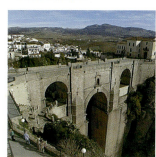

③ **Neue Brücke** 18. Jh.

⑦ **Iglesia de Padre Jesús**, Vater-Jesus-Kirche, im alten Viertel des Marktes. Ihr Fassadenturm stammt aus dem ausgehenden 15. Jh.

Ronda
aus der Nähe betrachtet

Ein Besuch in Ronda: Route 1
„La Plaza España" (Der Spanische Platz)
Neue Brücke
Kloster von Santo Domingo
Haus des Maurenkönigs
Palast des Marqués de Salvatierra
Tor von Philipp V
Stadtviertel des kleinen Marktes
„Iglesia Padre Jesús" (Vater-Jesus-Kirche)
und
„Fuente de los ocho Caños" (Brunnen der acht Röhren)
Arabische Bäder
Alte Brücke und Brücke von San Miguel
Mauern und Xijara-Tor
Räubermuseum

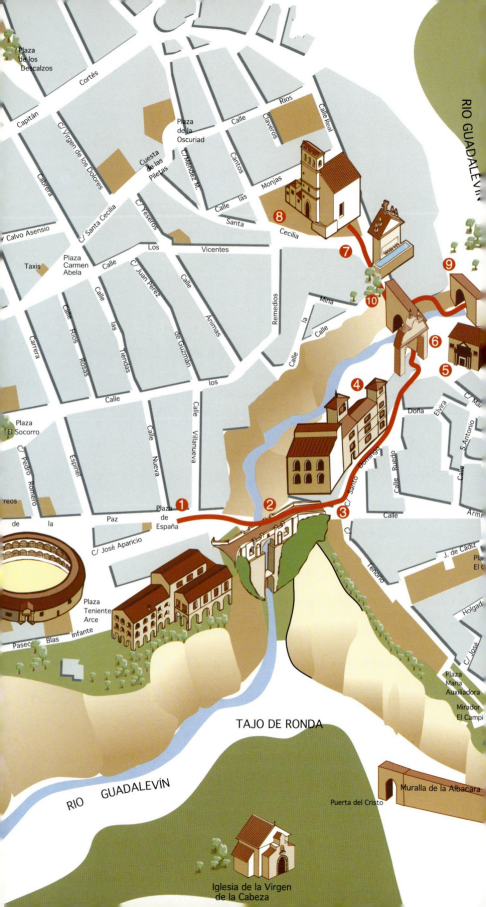

ROUTE 1

1. DER SPANISCHE PLATZ
2. NEUE BRÜCKE
3. KLOSTER VON SANTO DOMINGO
4. HAUS DES MAURENKÖNIGS
5. PALAST DES MARQUÉS DE SALVATIERRA
6. TOR VON PHILIPP V
7. STADTVIERTEL DES KLEINEN MARKTES
8. VATER-JESUS-KIRCHE UND BRUNNEN DER ACHT RÖHREN
9. ARABISCHE BÄDER
10. ALTE BRÜCKE UND BRÜCKE VON SAN MIGUEL
11. MAUERN UND XIJARA- TOR
12. RÄUBERMUSEUM

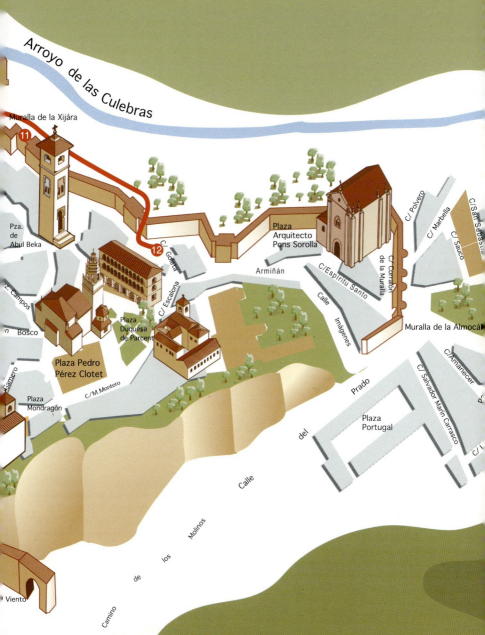

RONDA
aus der Nähe betrachtet

- NEUE BRÜCKE und „hängende" Häuser über dem Tajo.

Ein Besuch in Ronda: Route 1

Zu gewissen Stunden des Tages, frühmorgens oder in der Abenddämmerung, ist das Durchschreiten unserer Stadt eine Einführung in diese magische und wunderbare Welt, die das Menschliche mit dem Göttlichen verbindet.

- PLAZA ESPAÑA. DENKMAL ZU EHREN VON RÍOS ROSAS. *Rechts, Büste von D. Antonio Ríos Rosas, berühmter Rondeser, der zum Minister und Präsident des Kongresses 1862 wurde.*

„LA PLAZA ESPAÑA" (DER SPANISCHE PLATZ)
Erbaut in den Anfängen des 19. Jh., zwischen den symbolhaften Denkmälern der „Puente Nuevo" (Neuen Brücke) und der „Plaza de Toros" (Stierkampfarena). Das repräsentativste Gebäude ist das Staatliche Hotel (Parador Nacional), 1994, Altes Rathaus oder Konsistorialgebäude von 1843. In der Mitte des Platzes ist das Denkmal des Rondesers Antonio de los Ríos (1808-1873), berühmter Tribun und geehrter Politiker. Er wurde zum Abgeordneten, Minister und Präsident des Kongresses im Jahre 1862. Er war das

erste Mitglied der wichtigen Saga von Rondesern, wie sein Neffe Francisco de los Ríos (1839-1915), Lehrer des Liberalen Intellektualismus

RONDA
aus der Nähe betrachtet

und Schöpfer der freiheitlichen Lehranstalt, oder sein Grossneffe Fernando de los Ríos (1879-1949), Minister der öffentlichen Bildung, Justiz und des Staates während der zweiten Republik und Botschafter in den Vereinigten Staaten während des Bürgerkrieges.

■ **EL PUENTE NUEVO (DIE NEUE BRÜCKE)**

Das repräsentativste Monument unserer Stadt. Es gab zwei grosse Projekte zur Ausführung dieses Werkes. Die erste war aus dem Jahre 1735, Epoche von König Philipp V, die aus einem Bogen von 35 m Durchmesser bestand, deren Arbeiten nur acht Monate dauerten, aber 1741, sechs Jahre später, stürzte sie ein, und es starben 50 Menschen bei dieser Katastrophe. Wenige Jahre später, im Jahr 1751, fingen sie an,

sie wiederaufzubauen, und stellten sie im Jahre 1793 fertig, gleichzeitig mit der königlichen Messe vom Mai 1793. Dies besagt, dass sie 42 Jahre in ihren Bau investierten, unter der Leitung von José Martín Aldehuela, aragonesischem Architekten aus dem Dorf

• **PUENTE NUEVO.**
(Neue Brücke)
Foto 1918
Dieses Meisterwerk von 98 m Höhe, gebaut aus Quadersteinen, zieht seine Grundmauern aus dem Fusse der Schlucht heraus und wird aus drei Bögen geformt.

RONDA
aus der Nähe betrachtet

• **DAS INNERE DER BRÜCKE,** *im mittleren Teil gibt es eine Wohnung von ungefähr 60 qm, die in ihren 200 Jahren Geschichte verschiedene Nutzungen hatte, die bekannteste war die Periode, in der sie ein Gefängnis für Schwerverbrecher war.*

• **"HÄNGENDE HÄUSER"** *und Albarcara-Zone. Inmitten von Grenzmauern war der Ort zum Einsperren des Viehs der Umgebung bestimmt, wenn man Alarm bei Gefahr gab oder die Stadt belagert war.*

Manzanera in der Provinz Teruel.

Dieses Meisterwerk von 98 m Höhe, gebaut aus Quadersteinen, zieht seine Grundmauern aus dem Fusse der Schlucht heraus. Sie ist aus drei Körpern geformt, den unteren Teil formiert ein Rundbogen, über dem sich ein Mittelbogen von 90 Metern erhebt, mit zwei kleineren seitlichen Bögen, die die Ebene auf Strassenniveau bringen. Im mittleren Teil gibt es eine Wohnung von ungefähr 60 qm, die in ihren 200 Jahren Geschichte verschiedene Nutzungen hatte, die bekannteste war die Periode,

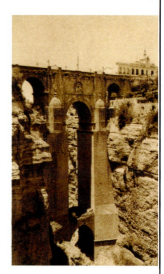

RONDA
aus der Nähe betrachtet

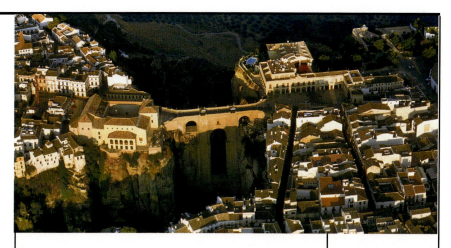

• **VOGELPERSPEKTIVE DER NEUEN BRÜCKE**

in der sie ein Gefängnis für Schwerverbrecher war. Ihr Originaleingang war im quadratischen Gebäude des linken Teils gelegen, der als Wachturm genutzt wurde. Zur Legende, nach der der Architekt Selbstmord beging oder in die Tiefe stürzte, als die Arbeiten der Brücke beendet waren, muss man klarstellen, dass José Martín Aldehuela, nach Abschluss der Arbeiten nach Málaga ging, wo er als leitender Architekt arbeitete, dort auch im Jahre 1802 im Alter von 80 Jahren starb und in der Pfarrkirche von Santiago beigesetzt wurde. Im Moment ist in der Mitte dieses symbolträchtigen Monuments das Informationszentrum der Neuen Brücke untergebracht.

• **PARADOR NACIONAL**
Staatliches Hotel (1994) (Oben und unten) Gebaut direkt am Rand des Abgrunds. Es liegt im Baugelände des Rathauses (1837-1978), Getreidespeicher oder öffentlicher Markt (1939-1980) und dem in den 50er –70er Jahren sehr berühmten Sommerkino "Tajo Cinema".

RONDA
aus der Nähe betrachtet

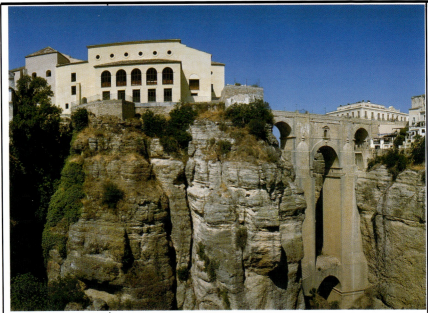

- **PORTAL DES KLOSTERS** in der Strasse Santo Domingo, frühere Strasse des Marqués de Parada. Daneben einer der vielzähligen Brunnen, die Bestandteil unseres Städtebaus bis in die Anfänge des 20. Jh. waren. Foto Cuso-Archiv.

■ **CONVENTO DE SANTO DOMINGO.** Kloster des Heiligen Dominikus. Gegründet auf Befehl der Katholischen Könige. Mit der Vollendung des Baus übergab man das Patronatsrecht der Kapelle und des Klosters den Dominikanerbrüdern unter dem Schutzheiligen „San Pedro Mártir" (Märtyrer Heiliger Petrus). Dieses Gebäude ist ein Hybrid aus Gotischen-, Mudejarstil- und Renaissance- Elementen, obwohl vom Originalgebäude nur die Kirche ohne Religionsausübung und die Reste vom Kreuzgang erhalten sind. Die Kirche hat ihren Eingang von besagter Strasse Santo Domingo, sie ist schlicht und aus Stein und in ihren Hauben sind zwei Wappen, das des Dominikanerordens und das von „Santo Oficio" (Der Heiligen Inquisition). Hier befand sich das Tribunal der Heiligen Inquisition. Es beinhaltet drei Schiffe mit einer emporgehobenen mittleren Hälfte, herauszuheben ist sein schönes Stuckwerk von vielfarbigem Mudejar-Stil. Im Jahre 1850 verwandelte sie sich in den ersten Markt und die erste bedeckte Getreidehalle Rondas.

Ronda
aus der Nähe betrachtet

■ **La Casa del Rey Moro.** (Das Haus des Maurenkönigs) Das Gebäude ist aus dem 18. Jh. und wechselte seine Struktur und Eigentümer im Laufe der Zeit bis zum Gepräge heutiger Zeit, ihr gegeben durch die Herzogin von Parcent im Jahre 1920. Seine Gärten wurden vom französischen Architekten Jean Claude Forrestier gestaltet, Schöpfer des Parks von María Luisa in Sevilla oder des Bois de Boulogne in Paris. Aber vor allem verdient sein berühmter unterirdischer Stollen Erwähnung, gebaut zu Anfang des 14. Jh. Einen Teil erstellte man im Inneren des „roca viva" (lebenden Steins) und einen aus Bruchsteinmauerwerk und Backsteinen in Bögen und Gewölben, mit einigen Nischen und Fenstern als Lichtquelle. Man betritt ihn durch eine Tür im Garten des Hauses, von wo sich eine Treppe mit 365 Stufen abteilte, obwohl sie im Moment nur noch 200 Stufen besitzt. In seinem Inneren kann man

• **Haus des Mauren Königs. Fassade.**

Fliesenbild des Rey Moro
Es stellt den arabischen König dar, vielleicht Abomelik, in ernster, steifer Pose, seinetwegen entstand der abschätzige Name "Haus des Maurenkönigs)".

Ronda
aus der Nähe betrachtet

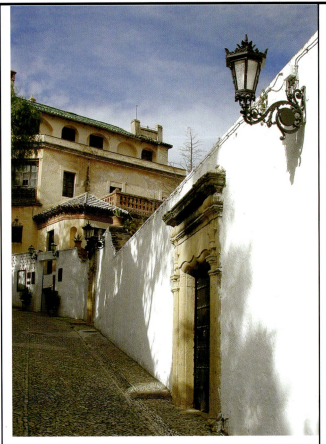

- **Die Herzogin von Parcent.** *Doña Trinidad Schultz, Herzogin von Parcent, Frau von grosser Schönheit und Intelligenz, kaufte das Haus von Mr. Perrin aus Baltimore, USA, zu Beginn des 20 Jh.*
Sie bereicherte es mit den besten Möbeln, Gemälden und Keramiken, die sie aus der ganzen Welt zusammentrug. Sie liess es von den wichtigsten Familien ihrer Zeit besuchen und gab damit Ronda grossen sozialen Glanz.

- **Strasse Santo Domingo** *(oberes Foto), die Strasse, in der das Haus gelegen ist.*

ausserdem eine schöne Ingenieursarbeit bewundern, einige Zimmer oder Anbauten wie Kerker, eine Halbbogengalerie als Lager für Wasser und Getreide und die Geheimkammer mit einem sehr interessanten halbkugelförmigen Gewölbe, das direkt mit der Zisterne, versorgt aus dem Zulauf des Guadalevín-Flusses, in Verbindung stand.

RONDA
aus der Nähe betrachtet

• **Der gesprengte Giebel,** gestützt von vier nackten Indios, Einfluss eines gewissen Manierismus, wo die Jungen spotten und ihre Zungen herausstrecken und die Mädchen sich ihre nacke Scham bedecken.

■ **Der Palast des Marqués de Salvatierra.** Er besitzt eine barocke Fassade aus dem Jahre 1798 in Quadersteinen mit einer abgeflachten Tür, korinthischen Säulen und einem grossen rondesischen Schmiedeeisen-Balkon. Über diesem ist ein gespregter Giebel, der gestützt wird von 4 nackten Indios, kolonialer Einfluss unter gewissem Manierismus, wo die Jungen spotten und ihre Zungen herausstrecken und die Mädchen sich ihre nackte Scham bedecken. In der Mitte das Familienwappen, dem Vasco Martín de Salvatierra, Nachfolger der Katholischen Könige nach der Eroberung Ron-

Man tüncht, um zu desinfizieren und die Häuser frisch zu halten. Das geschmiedete Eisen der Fenster und Balkone als Schutzelemente haben unsere Stadt Ronda in ein Beispiel aus Schlichtheit und Schönheit der populären andalusischen Architektur verwandelt.

Ronda
aus der Nähe betrachtet

• **Der Balkon**
(Im rechten Teil des Palastes). Stummer Zeuge in den historischen spanischen Filmen, wie z.B."Carmen de la Ronda" (Carmen aus Ronda),"las Sabinas" (Die Sabinerinnen), "Amanecer en Puerta Oscura" (Tagesanbruch am dunklen Tor), „Curro Jiménez", „la Opera Carmen" (Die Oper Carmen).......

das, vorstand. Sein Inneres zeigt die Schlichtheit des rondesischen Hauses im 17. und 18. Jh. Ein bemerkenswertes Mobiliar von verschiedenen Epochen, einige historische sevillanische Fliesen aus dem 17. Jh. im Familienesszimmer und ein kleiner Garten mit einem ausgezeichneten Beispiel der Pinsapo Abies (Igeltanne)komplettieren und rechtfertigen das künstlerische Interesse an diesem Haus. Unten ist eine Fotografie dieses bezaubernden Winkels dieser Stadt zu sehen, dem das Steinkreuz vorsteht, das die Herrschaft des Marqués von Cádiz in der Einnahme Rondas markiert. Das Kreuz wurde 1965 hierhergebracht, während der Restaurierung der Altstadt durch den Architekten Francisco Pons Sorolla.

Dieses Haus vereinigt die charakteristischen Elemente der rondesischen Architektur: Das Fenstergitter mit seinen geschmiedeten und zugeschnittenen Eisen, der Kalk und der Stein.

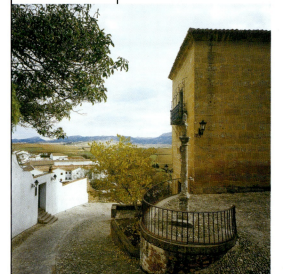

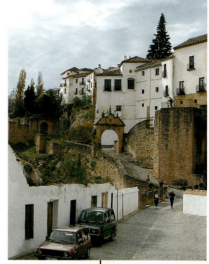

■ Tor Philipp V

Nach dem Einsturz der ersten Neuen Brücke, im Jahre 1741, beschloss man die Verbesserung dieses Eingangs, die wegen der grossen Fluktuation von Personen und Waren und des Gebrauchs neuer Transportmittel notwendig geworden war. Das alte arabische Tor der Brücke wurde durch das jetzige bequemere, während der Regierungszeit des ersten Borbonen Philipp V, im Jahre 1742 ausgetauscht und vergrössert, so wie es die neben dem Tor befestigte Gedenktafel aussagt.

Es besteht aus einem Bogen aus Quadersteinen, gekrönt von drei Aufsätzen und verziert mit der Muschel der Anjou und einem königlichen Wappen der Borbonen in der Aussenfassade. Durch seinen Bogen können wir eine der eindrucksvollsten und romantischsten Bilder unserer neuen Stadt oder „viejo mercadillo"(alter Markt) geniessen, Zentrum unserer Handelstätigkeit während des 16., 17. und 18. Jh. Es ist das romantischste Stadtviertel für Schriftsteller, Dichter, Maler und Reisende, die uns in unserer weitläufigen Geschichte besuchten. Die aktuelle Gestalt verdanken wir der Restaurierung von 1960.

•**Tor Philipp V** *und im Hintergrund das Tor von Xijara, betrachtet vom Stadtviertel Padre Jesús aus.*

Oben, Fotografie des Tores aus den 40er Jahren, mit einer sehr berühmten Person dieser Epoche, „el Panadero Callejero" (Der Bäcker Callejero).

RONDA
aus der Nähe betrachtet

- **EL MERCADILLO**
Sicher ist, dass ein Armenviertel in diesem Teil nördlich von Madinat bei der "Puente Viejo" (Alten Brücke) oder "Puente Árabe" (Arabischen Brücke), am Ausgang einer seiner Haupttore „La Puerta de la Puente" (Das Tor der Brücke), wo der Weg „Granada" begann, existierte. Die Geburt dieses ausserstädtischen Viertels mit eigener Persönlichkeit aber begann mit der Zurückeroberung der Stadt durch die Katholischen Könige. Rechts „Puerta de Felipe V" (Tor Philipp V). (1742)

■ **El Barrio del Mercadillo.** (Das Stadtviertel des Kleinen Marktes) Der Befehl der Katholischen Könige, dass" in Ronda kein

Jude leben, nicht einmal 3 Tage bleiben darf, mit Ausnahme Israel, unser Arabischübersetzer", die Verteilung der Felder und Häuser zwischen allen, die an der Eroberung Rondas teilgenommen hatten und der Erlass der Ausweisung vom 31. März 1492 für die Laienbrüder, brachten einen grossen Bevölkerungskern auf das flache Land ausserhalb der Stadt,

die heutigen Stadtviertel „San Francisco" (Heiliger Franziskus) und „Mercadillo" (Kleiner Markt). Diese Umstände sah man verschlimmert, als „Doña Margarita de Austria" (Margarete von Österreich) ihre Herrschaft über Ronda im Jahre 1499 an die Krone zurückgab, um als Gouverneurin nach Flandern zu gehen. In diesen Tagen durchlitten die Verwaltung und die Regierung der Stadt grosse Wechsel. Die neuen Rechte und Abgaben, die sie von Verkäufern und Händlern beim Durchschreiten der Tore forderten, zwangen viele, anstatt in die Stadt zu gehen, sich vor den Toren niederzulassen.

Ronda
aus der Nähe betrachtet

• **IGLESIA DE PADRE JESÚS** (Vater-Jesus-Kirche) war ursprünglich der Heiligen Cecilia geweiht.

■ **LA IGLESIA DE PADRE JESÚS** (Vater-Jesus-Kirche)

Der Fassadenturm entspricht dem originalen Gebäude vom Ende des 15 Jh., Anfang 16. Jh. Sein gotisches Portal geht über in einen Renaissanceglockenturm mit drei Rundbögen. Die nicht sehr geräumige Kirche teilt sich in drei Schiffe, getrennt durch 6 Rundbögen über Steinsäulen mit beidseitig vorgelegten kleinen Säulen. Weiter sieht man eine üppige Putzverzierung, die eine schöne Mudejarstil-Stuckarbeit seit der Restauration von 1769 verdeckt. In dieser Pfarrkirche wurden berühmte Rondeser, wie z.B. der Schriftsteller Vicente Espinal, der Politiker Ríos Rosas oder der Torero Cayetano Ordoñez „Niño de la Palma" getauft. Im Inneren findet man das schöne Bild von „Padre Jesús Nazareño" (links). Die Kirche erfreut sich grosser Beliebtheit jeden Freitag im Jahr.

• **FUENTE DE LOS OCHO CAÑOS.** (Brunnen der Acht Röhren). Gelegen in derselben Strasse Real, ruft er in uns die glorreiche Vergangenheit dieses Stadtviertels wach, des ersten Handels- und Sozialzentrums des christlichen Ronda bis in die Mitte des 19. Jh. Realisiert in Stein mit zwei Fronten, eine mit acht Röhren, wovon er seinen Namen hat, und die andere mit grosser Tränke für Tiere, wurde der Brunnen von König Philipp V. Mitte des 18.Jh. gebaut.

RONDA
aus der Nähe betrachtet

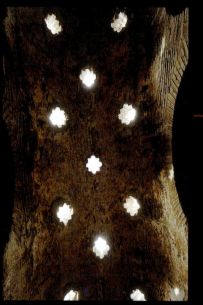

einen Turm am Grund mit einem Schöpfrad, der aber heute verschwunden ist, damit man das Wasser aus dem Bach nach oben befördern konnte, um es mittels eines Kleinen Aquäduktes über die Bögen in die Bäderhallen leiten zu können.

Am Eingang, vor einem alten hufeisenförmigen Tor, finden wir die Zisterne oder den Wasserbrunnen, heute zu sehen aus Backsteinen und sehr gut erhalten, der für die äussere Waschung vor dem Eintreten ins Hauptgebäude diente.

■ LOS BAÑOS ÁRABES
(Die Arabischen Bäder)

Sie wurden zwischen dem Schlangenbäch und dem Rio Grande gebaut, dem perfekten Ort, um sich einfach mit Wasser zu versorgen, im unteren Stadtviertel oder Judería, am Ende des 18. Jh. Trotz der erlittenen Plünderungen, gehören sie zu den am besten erhaltenen in ganz Spanien. Das Gebäude ist von einer Mauer umschlossen und besaß

■ STRUKTUR

Die Bäder bestehen aus 3 Räumen, einfach zu erkennend an ihren Nutzungen und Strukturen. Im ersten Warmraum, der praktisch der Dienstraum war, gab es den Heizkessel, um das aus dem Schöpfrad kommende Wasser zu erhitzen. Das System war „hypocaust", von den Römern übernommen, und bestand aus einem Wasserheizkessel in der Feuerstelle, der den Wasserdampf durch den Boden bis in den mittleren Raum leitete.

RONDA
aus der Nähe betrachtet

perfekte Erhaltung laden uns ein, in uns gehend in diesem Raum anzuhalten. Im dritten Raum gibt es ein grosses Kaltwasserbecken, dessen Eingänge man von den Seiten her vermutet. Es war der Raum für Erholung, Massage und Umkleiden.

Foto der arabischen Bäder, zu Beginn des 20 Jh.

Der zweite, zentrale Raum ist unterteilt in drei von Bögen bedeckte halbkugelförmige Schiffe, über hufeisenförmigen Backsteinbögen. Seine Beleuchtung über sternförmige Leuchten, gerichtet von Ost nach West, wo das Licht perfekt während aller Tageszeiten eintritt, und seine

RONDA
aus der Nähe betrachtet

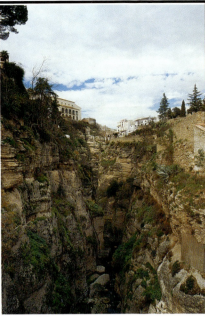

• **EL PINSAPO**
Spanische Tanne oder Igeltanne (auf dem Platz „Campillo" oder „María Auxiliadora") Abies Pinsapo Boissier, Pflanze aus dem Tertiär. Sie ist die südlichste Tanne Europas und die Älteste unter den am Mittelmeeraum Europas situierten Tannen. Man kann dieses lebende Fossil in allen Bereichen unseres Gebirgslandes geniessen: Sierra de las Nieves und Sierra de Grazalema in der Proviz Cádiz.

■ **EL PUENTE VIEJO**
(Die Alte Brücke)
Ihr Ursprung ist arabisch. Nach den Autoren wurde sie in der Zeit des Königs von Ronda, Abomelik, gebaut. Nach anderen, zur Zeit Mohammeds III von Granada. Sicher ist, dass sie nach der Einnahme Rondas durch die Christen dringend repariert und wiederhergestellt werden musste im Jahre 1616. Sie besteht aus nur einem Bogen von 10 m Durchmesser und 31 m Höhe über dem Flussniveau mit 30 m Länge und 5 m Breite. Im Jahre 1961 wurde sie wieder restauriert, man öffnete die Balkone und verzierte sie mit den geschmiedeten Kugeln, die ihr ihre aktuelle Gestalt geben.

■ **PUENTE DE SAN MIGUEL**
(Brücke von San Miguel)
Bei der „Capilla de la Cruz" (Kreuzkapelle), der alten Syna-

goge und den Arabischen Bädern. Obwohl sie arabischen Ursprungs ist, ist sie bekannt als Römische Brücke.

•**TAJO-FLANIERWEG**, rechts, auf einer Postkarte aus den 40er Jahren des 20. Jh.

RONDA
aus der Nähe betrachtet

■ **LAS MURALLAS** (Die Mauern) 11.Jh.
Nach dem Tod von Almansor schuf einer seiner Stellvertreter die unabhängige Partei der Banu Ifrán von Ronda. 40 Jahre Lang regierte er sein Reich in Frieden, verbesserte und baute Gebäude und Mauern wie in Xijara, um sie vor den habgierigen benachbarten Berbern zu schützen.

■ **PUERTA DE LA XIJARA** (Tor von Xijara)
Es verband das „Barrio Bajo o Judería"(Unteres Stadtviertel oder Judenviertel) mit der Stadt und ist mit seinen Mauern das am besten erhaltene. Es besetzte einen mittleren Platz zwischen einem äußeren, von dem 4 Türme erhalten sind, und einem inneren oder Haupttor. Im Jahre 1975 wurde es wieder aufgebaut in Ähnlichkeit zum Tor von Almocábar mit drei Bögen, 2 hufeisenförmigen und einem spitzen Bogen und einem offenen Durchlass zwischen erstem und zweitem Bogen.

•**DIE STADT IN IHREM ÖSTLICHEN TEIL**
Auf dieser Fotografie können wir an allen erhaltenen Resten beobachten, dass sie

eine sehr wichtige Zone innerhalb der islamischen Stadt gewesen sein musste.

RONDA
aus der Nähe betrachtet

• IM MUSEUM müssen wir einen Raum, dem Bürgerkrieg gewidmet und gegründet vom rondesichen Herzog Almada im Jahre 1844, herausheben, mit einer weitreichenden Dokumentation, Fotos und historischen Daten der „Guardia Civil" (Bürgerschutz/ Gendarmerie) seit ihrer Gründung bis in unsere Tage.

EL MUSEO DEL BANDOLERO(Das Räubermuseum)

In seinen Räumen und in chronologischer Form werden wir die Welt des Räubertums in seinen historischen Facetten seit seinen Anfänge entdecken: Diego Corriente(1757-1781), Juan Caballero (1804-1885), José María" el Tempranillo"(Der Frühe)- (1805-1833), „Los siete Niños de Écija (Die sieben Jungen aus Écija), „Secuestradores de Andalucía" (Entführer von Andalusien)- (1869-1871), bis zum letzten Räuber im Gebirgsland von Ronda, Juan Mingolla „Pasos Largos" (Langer Schritt) (1873-1934). Gleichfalls vielzählige romantische Reisende, reichhaltige Dokumentationen und Nachbildungen der Höhlen, Grotten und Entführungen.

Ronda
aus der Nähe betrachtet

EIN BESUCH IN RONDA: ROUTE 2
RATHAUS
„LA IGLESIA DE MARÍA AUXILIADORA"
(MARIA-HILF-KIRCHE)
„IGLESIA Y CONVENTO DE SANTA ISABEL"
(KIRCHE UND KLOSTER VON SANTA ISABEL)
„IGLESIA DE SANTA MARÍA"
KIRCHE DER HEILIGEN MARIA
„PALACIO DE MONDRAGON"
(MONDRAGÓN – PALAST)
MUSEUM JOAQUÍN PEINADO
„IGLESIA VIRGEN DE LA PAZ"
(KIRCHE DER JUNGFRAU DES FRIEDENS)
HAUS SAN JUAN BOSCO

ROUTE 2

1. RATHAUS
2. MARIA-HILF-KIRCHE
3. KIRCHE UND KLOSTER VON SANTA ISABEL
4. KIRCHE DER HEILIGEN MARIA
5. MONDRAGÓN - PALAST
6. MUSEUM JOAQUÍN PEINADO
7. KIRCHE DER JUNGFRAU DES FRIEDENS
8. HAUS SAN JUAN BOSCO

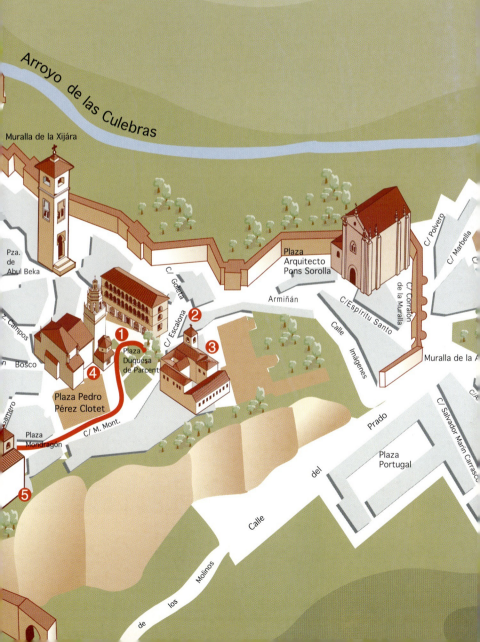

Ein Besuch in Ronda: Route 2

„Die Stille deinerNächte ¡Oh, Platz der Stadt! Sie flössen Luft und Stille ein von Märkten, Duellen und Wettstreiten, von Schriftstellern und Dichtern".

■ **Das Rathaus von Ronda** (über diesen Zeilen). Es wird um 1734 gebaut, um das 28. Regiment der Provinzregimente zu beherbergen, gegründet von König Philipp V.

Es ist errichtet über den alten Läden, die den Platz gegenüber der Plaza Mayor einnahmen. Sie blieben in späteren Teilen bestehen:"El Viejo Pósito/ La Alhóndiga" und die Panadera Mayor aus dem 16. Jh., die diesen wichtigsten städtebaulichen Komplex als wesentliche Teile des aktuellen Hauptgebäudes bilden. Vor einigen Jahren wurden diese Gebäude um-gestaltet, um sie im Jahre 1978 in das neue Hauptregierungsgebäude zu verwandeln, seine originale Ästhetik bewahrend und angereichert mit Mudejarstil-Stuckwerk aus dem 16.Jh. Sein Eingang besteht aus einer abgeflachten Tür zwischen Pfeilern. In seinem linken Teil besitzt es ein Wappen mit dem Kelch und dem Stern der Stadt von Cuenca, Schwesterstadt von Ronda, und im

• **Santa Isabel** (Heilige Isabel der Engel), unten, Nonnenkloster vom Orden Santa Clara, gebaut im Jahre 1540, auf dem Baugelände, den das Gefängnis und das Wasserbecken während der islamischen Herrschaft einnahmen.

RONDA
aus der Nähe betrachtet

rechten Teil das Wappen unserer Stadt, gebilligt durch die Katholischen Könige. (Links)
• LA IGLESIA DE MARÍA AUXILIADORA, (Maria-Hilf-Kirche), gebaut im Jahre 1950, schliesst den Platz nach Süden hin ab (unteres Bild).
Sie ist ein Gotteshaus grosser populärer Andacht und unserer Marientradition. Ihr „Colegio Salesiano del Sagrado Corazón de Jesús"(Salesianerstift des Heiligen Herzen von iesus) wurde von den

„marqueses de Moctezuma" Anfang des 20. Jh. gegründet. Sie ist der Grundstein der ron-

desischen Schulausbildung von ihrer Gründung bis in unsere Tage gewesen. Sie steht über den Ruinen des alten „Castillo de Laurel" (Burg Laurel). Der Bau wurde im Jahre 132 v. Chr. durch den General Scipio Aemilianus in Auftrag gegeben und zerstört während des Unabhängigkeitskrieges durch die französischen Truppen im Jahre 1812.

• DAS RATHAUS:
Sehenswert sind in diesem Gebäude :"El Salón de Plenos" (Plenarsaal), und im Untergeschoss die Ebene, die der alten Alhóndiga entspricht.
• DIE KATHOLISCHEN KÖNIGE gestanden Ronda die Symbole ihrer Königshäuser zu: Ein goldenes Joch mit seinen zugeschnittenen Jochriemen und Silberpfeilen auf farbigem Grund. (vorherige Seite)

RONDA
aus der Nähe betrachtet

• **PLAZA MAYOR.** Besagter Platz der Herzogin von Parcent und auch „Plaza de la Ciudad" (Platz der Stadt). Im Zentrum das Denkmal für die Herzogin von Parcent (1866-1937).

SANTA MARÍA LA MAYOR (Kirche der Heiligen Maria)

Freitags – und Hauptmoschee bis zur Rückeroberung der Stadt am 22. Mai 1485, an dem der Kathedralssitz von König Ferdinand dem Katholischen errichtet wurde. Gelegen im höchsten Teil der Stadt, am selben Ort wo der römische Altar im Gedenken an Julius Cäsar und seinen Sieg über die Söhne von Pompeius, Gnaeus und Sextus in der Schlacht von Munda, im Jahre 45 v.Chr., plaziert war.

Am Ende des 9.Jh. errichteten die Araber eine Moschee, deren aktuelle Spuren alleine der Standort des Mudejar-Turms, heute Glockenturm, und die Reste des Mihrab sind. Dieser Glockenturm im Mudejar-Stil in Sichtmauerwerk vom Anfang des 16. Jh. ist über dem Grund und mit den Elementen des alten Moscheeminaretts erbaut.

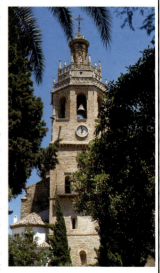

RONDA
aus der Nähe betrachtet

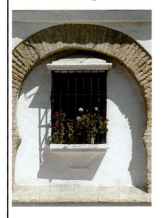

Das Haupteingangsportal der schlichten gotischen Kirche verdecken einige herrliche Balkone, die während der Herrschaft Philipp II.(oberes Foto) konstruiert wurden. Als Logen genutzt, konnten der Adel und die Verantwortlichen der Stadt die Wettstreite, Stierkämpfe und öffentliche Akte beobachten.
Die gotische Kirche baut man am Ende des 15., Anfang des 16. Jh. Ein spätgotisches Werk aus 3 durch Spitzbögen getrennte Schiffe und nur ein aneinandergereihtes Kapitell mit Verzierung von Disteln und wunderlichen und menschenähnlichen Tieren.
In der Mitte des Schiffs findet man das heilige Altarbild; links, ein Fresko von San Cristóbal (Heiliger Christoph) vom rondesischen Maler José de Ramos, aus dem Jahre 1798. Auf der rechten Seite, das Altarbild der „La Virgen del Mayor Dolor" (Die Jungfau des grössten Schmerzes). Das Erdbeben von 1580 traf ernsthaft die Struktur des zentralen Schiffs, das Mudejarstil-Stuckwerk musste durch 4 halbkugelförmige Gewölbe über den Hängezwickeln mit Motiven der lauretanischen Litanei-

• **TURMHÄUSCHEN**
*Zu Fuss des Glockenturms (unten).
Kokettes Mudejarstil-Gebäude, das einer Kapelle, isoliert vom Hauptgebäude mit schönen hufeisenförmigen, aber zugemauerten Bögen entsprach.*

RONDA
aus der Nähe betrachtet

- **PUERTA DE LA EPÍSTOLA** *(Episteltor)
Oben.
Aussenbereich der Kirche Santa María. Eleganter Barock aus dem 18. Jh. Der Bogen des Eingangs ist umrahmt von einigen Pfeilern grosser Dicke und einigen Mauernischen, eingefasst von geflügelten Löwen auf den Seiten.*

- **EL ARCO DEL MIRHAB,** *der Mihrabbogen, rechtes Foto, befindet sich hinter dem aktuellen Tabernakelaltar. Verziert mit Filigranarbeiten genauso von pflanzlicher wie auch geometrischer und kalligraphischer Art der Nasriden- Dynastie, Ende des 8. Jh., die uns an das Oratorium der Alhambra von Granada erinnern.*

en ersetzt werden. Danach nutzten sie den Einsturz der Nordmauer aus und begannen den Bau des Renaissance- Schiffs als Nachbildung der Kathedralen von Granada und Málaga mit korinthischen und toskanischen Säulen, woran sie von 1584 bis 1704 arbeiteten. Dieser Teil der Kirche ist gebidet aus einem Basilikaschiffraum mit Mittelgewölbe

und fünf Seitengewölben. Das Mittelschiff ist durch einen Kugelabschnitt mit acht Rippen und grossem zentralen Medaillon gebildet. Die Seitenschiffe bedeckt man mit schiefen Gewölben, aber im querlaufenden Sinne, und die Kapellen deckt man mit Viertelkugeln. Wir müssen zum Baldachin aus kanadischer Kiefer gehen, einem schönen Beispiel der rondesischen Schnitzerei vom Anfang des 20. Jh. Links vom Hauptaltar steht der Altar "Ntra. Sra. de la Cabeza". Das Bild ist eine prächtige Schnitzerei aus dem 18.Jh. Es empfängt Verehrung in dieser Kirche von Anfang September bis zum zweiten Sonntag im Juni, in der es zur Wallfahrt zur Wallfahrtskapelle der Höhlen von St. Antón, einer alten mozarabischen Kirche gebracht wird. Sie liegt ausserhalb der Stadt und wurde im 10./11. Jh. erbaut.

Die Verkündigung

Die Geburt

Mutter María

Die Wiederauferstehung

- **Unsere Frau Königin der Familie**, befindet sich im Altaraufsatz der Chorrückseite. Arbeit von Antonio J. Dube de Luque, sevillanischer Holzschnitzer, Mai 1977. Im marianischen Jahre 1994 bat Don Gonzalo Huesa Lope, Pfarrer der königlichen Stiftskirche von „Santa María de la Encarnación" beim Heiligen Stuhl, in die Lauretanischen Litaneien den Ausruf:" Reina de la Familia, ruega por nosotros." (Königin der Familie bitte für uns) aufzunehmen. Eine Bewerbung, die von Papst Johannes Paul II in die Klausur besagten Jahres

- **Chordetail**, *1736.*

- **Altarbild** der „Virgen de la Mayor Dolor" (Jungfrau des grössten Schmerzes), links, alter Reliquienaltar. Vergoldeter Altar und barocker Schmuck, im Zentrum sitzt „Ntra. Sra. de los Dolores" (Unsere Dame der Schmerzen), Werk von María Luísa Roldán „Roldana", Bildhauerin von Karl II, Ende des 17. Jh.

RONDA
aus der Nähe betrachtet

- **ÖLGEMÄLDE DER KREUZIGUNG, UNTERES FOTO.**
Hauch von Jugendstil in der gotischen Kirche. Die Wände der französischen Malerin Raymonde Pagégie: „La Vida de San Pedro" (Das Leben des Heiligen Petrus), „La Conversión de San Pablo" (Die Bekehrung des Heiligen Paulus), „La Apocalipsis" (Die Apokalypse), „La Crucifixión" (Die Kreuzigung) und „La ultima Cena" (Das letzte Abendmahl), wurden zwischen 1982 und 1988 gestaltet.

- **ALTAR DEL SAGRARIO,** (Tabernakelaltar), im gotischen Schiff. Wunderbarer Barock von Anfang des 18. Jh. und 1733 vergoldet. 4 salomonische Säulen, verziert mit Motiven von Weinstock und Rebe, teilen den Altar in drei Bahnen.

Dieses Altarwerk wird gekrönt von einem Hochrelief der Inkarnation und in der Mitte enthält es den „camarín de la Virgen Immaculada" (Heiligenschrein der Unbefleckten Jungfrau). In dem unteren Bild, ein Chordetail in manieristischem Barockstil, 1736.

Renaissance- Schiff der Kirche (unteres Bild), des Basilikaraums, in der die harmo-

nischen Proportionen seiner architektonischen Elemente überraschen. Das erwähnenswerteste ist der Baldachin aus roter kanadischer Kiefer; Anfang des 20 Jh.

RONDA
aus der Nähe betrachtet

MONDRAGÓN-PALAST

Er war die Residenz des Marinidenkönigs Abomelik, König von Ronda und Algeciras, im 14 Jh. und Palastresidenz des letzten arabischen Machthabers der Stadt, Hamed el Zegrí. Er wurde vom König selbst, als er 1501 nach Ronda kam, besetzt. Später ging er als Besitz in die Hände der Valenzuela über. Einer ihrer Angehörigen, der erste Marqués von Villasierra „el Duende de Palacio" (Geist des Palastes) war der Auserwählte von Mariana von Österreich, Witwe Philipp des IV und Günstling von Karl II. Dieser Palast ist der wichtigste in der bürgerlichen Architektur unserer Stadt. Er bewahrt von der moslemischen Wohnung einen Teil des Entwurfs der Gärten und des Eingangs zum Gang, der ihn mit dem alten maurischen Schloss verband. Seine monumentale Fassade aus Sandstein besitzt zwei dorische Säulenpaare aus dem 16. Jh., darüber ein Balkonportal in Herrera-Stil, flankiert von ionischen Pfeilern (17. Jh.). Ein Portal, dessen Ikonografie von den Sinnbildern der Jungfrau Maria handelt. Diese Fassade krönen zwei geziegelte Mudejar-Türme mit Rundbögen und Spitzdächern. Sein erster Innenhof, der Aljibe-(Zisternen)-Hof (18.Jh.) führt uns zum Mudéjar-Hof, dem wichtigsten Hof des Palastes, wo das Städt. Archäologiemuseum untergebracht ist: Steinrund-

• Zwischen den weissen Häusern gibt es ein spezielles Herrenhaus, das man gemeinhin STEINHAUS nennt. Es berichtet uns deutlich von Kulturen, Stilen und Zivilisationen und von der bürgerlichen rondeische Architektur.

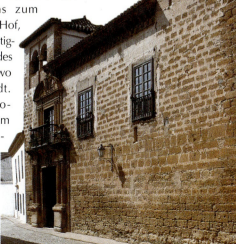

RONDA
aus der Nähe betrachtet

- **PATIO DES 16.JH.**, deutlichstes Beispiel des rondesischen Mudéjar

- **DER GARTEN**
Durch einen Hufeisenbogen sieht man den Garten, in dem das Wasser der Springbrunnen die Stille des andalusischen Gartens unterbricht. Rechts, der Brunnen. Innenhof aus dem 18. Jh.

bögen, verziert mit Renaissance- Fliesen, die eine Holzgalerie stützen, deren Wände Teile der Renaissance- Fresken bewahren, mit dem das Gebäude im 16. Jh. verziert wurde. Ausserdem verdient die Mudejar-Decke aus dem 16. Jh. im adligen Salon Erwähnung. Durch einen Hufeisenbogen sieht man einen kleinen Garten mit einer schö-

nen Aussicht auf das Stadtviertel von San Francisco. Das Archäologiemuseum finden wir im Inneren, wo wir die interessanten Stücke der Stein- und Metallbearbeitung hervorheben, wie z. B. die Gussform zum Schmelzen von Bronzeschwertern, Typ Sa-Idda, aus dem 7. Jh. v. Chr., und die sehr reichhaltige und ausführliche Darstellung der andalusichen Begräbniswelt.

Ronda
aus der Nähe betrachtet

Auf diesem Spaziergang sehen wir den kleinen Palast der Hinojosa Bohorquéz, der die schönsten Azulejos fliesen der Stadt bewahrt. Und gegenüber der alte Palast der Markgrafen von Amarillas und Herzöge von Ahamada, Vizekönige von Nueva España (Neu-Spanien) und Gründer der Guardia Civil (Gendarmerie).
Gehen wir weiter, bis wir an den Palast der Markgrafen von Moctezuma, Rittergut der Ovalles ankommen. Es ist ein Gebäude, das der König José Bonaparte 1810 besass und im Moment das JOAQUÍN PEINADO- MUSEUM (links), geschaffen durch die Stiftung Unicaja von Ronda mit einer Dauerausstellung von Ölgemälden (über diesen Zeilen) und Zeichnungen des rondesischen Malers (Ronda 1898- París 1975) besitzt. Vor der „Casa del Gigante" (Haus des Riesen) befindet sich ein repräsentativer kleiner Palast der Mittelschicht Rondas aus dem 14. Jh, der einen Innenhof mit Brunnen und Innen-→

• **STRASSENBUMMEL**
Durch diese Strasse gehend fangen wir die Atmosphäre dieses Stadtabschnitts des unteren Andalusiens wieder ein. Seine Heraldik und Gitter ziehen uns zu den Überresten der Kirche Santa Maria, wo wir unvermittelt einen Gitterkäfig am Haus von Pérez Girón antreffen, in dem uns Erinnerung an Liebeswerben um eingesperrte Damen und verstohlene Treffen befällt.

RONDA
aus der Nähe betrachtet

- **KIRCHE "VIRGEN DE LA PAZ"**

In dieser Kirche huldigt man der Patronin von Ronda. Die Tradition führt ihre Verehrung auf die Epoche König Alfons XI zurück, der nach vergeblicher Belagerung der Stadt ein ihr gewidmetes Bild den Mozarabern des Gebietes hinterliess, obwohl das hier präsente Bild vom Ende des 17. Jh. stammt.

- **DIE HOZSCHNITZEREI**

Detail eines Stammhauses mit der traditionellen rondesischen Schnitzerei, die den Namen für eine der wenigen erhaltenen Handwerkskünste unserer Stadt gab, „El Mueble Rondeño" (Rondesischens Möbel). Hotel San Gabriel.

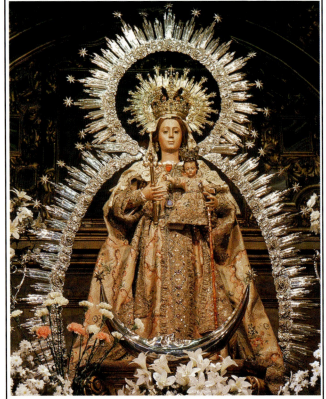

■ **KIRCHE „VIRGEN DE LA PAZ" (JUNGFRAU DES FRIEDENS)** Die aktuelle Kirche aus dem Ende des 17. Jh., Anfang des 18. Jh. enthält ein einziges Schiff, dessen Mudejarstil- Täfelung von einem halbrunden barocken Gewölbe bedeckt war, mit einer halbkugelförmigen Kuppel über dem Altarraum und einer kleinen Kuppel mit Laterne. Ihre Fassade stammt aus dem Ende des 16. Jh., mit einem Steinportal und einem Rundbogen, vollendet mit einem flachen Glockenturm aus dem 18. Jh. Diese Fassade stellt sich uns mit grafischer Verzierung von Rosetten und Sternen aus dem 18. Jh. dar, die unsere Aufmerksamkeit durch ihre Farbgebung und Hervorhebung weckt. In dieser Kirche liegen die Gebeine von Beato Fray Diego José de Cádiz in einer Silberurne zu Füssen der Jungfrau.

gestaltung mit „atauriques" enthält. In seiner Fassade findet man das Bild, eines „Melkar", eines punischen Herkules. Es folgt, der alte Palast der Holgados aus dem 18. Jh., restauriert und umgebaut in das „Hotel San Gabriel". Auf der linken Seite, die Kirche „Virgen de la Paz"(Jungfrau des Friedens) und gegenüber das Haus, in dem Beato Fray Diego José de Cádiz im Jahre 1801 starb.

DAS HAUS SAN JUAN BOSCO. Schlussendlich vervollständigen wir den Spaziergang in einem der schönsten und bezauberndsten Winkel unserer Stadt, dessen Innenhof die nasridischen Azulejosfliesen (rechts) bewahrt und eine sehr schöne Darstellung der regionalen Keramiken bietet. Der Architekt Santiago Sanguinetti baute es im Jugendstil zu Beginn des 20.Jh. Es gehörte der Familie der Granadinos, die sie der „Congregación Salesiana" (Salesianerorden) als Haus der Erholung für kranke und alte Priester übergab. Es bewahrt einen wunderschönen Hofraum, verziert

• **DER GARTEN.** *Einen Pflichtbesuch sollte man dem Garten abstatten. Ein Ziergarten über dem Abgrund, dem Kapriziösen menschlichen Willen zu verdanken, ausgestattet mit Azulejosfliesen und Brunnen, gegenüber des repräsentativsten Denkmals Rondas, der „Puente Nuevo" (Neue Brücke).*

RONDA
aus der Nähe betrachtet

- **RAINER MARÍA RILKE**
An diesem paradiesischen Fleck erinnern wir uns an Persönlichkeiten wie Rainer Mª Rilke, der uns in seiner „Trilogía Española" (Spanische Trilogie) sagt: „ Ronda ist ein unvergleichlicher Landstrich, ein Gigant aus Fels, der auf seinem Rücken eine kleine Stadt trägt…"

- **JAMES JOYCE**, Er vollendete in unserer Stadt sein Meisterwerk Ulysses: „ Ronda mit seinen alten Fenstern,… seinen engen Gassen,…seinen Gärten von Rosen, Jasmin, Geranien und Kakteen."

mit nasridischen Azulejosfliesen. (Foto vorherige Seite) und eine sehr komplette Darstellung regionaler Keramiken, die wir hervorheben müssen: Die

Sammlung von keramischen Platten mit Stierkampfmotiven

des grossen Keramikers aus Cuenca, P. Mercedes, auf der Sonnengalerie. Ausserdem Wandteppiche der königlichen Fabrikation aus dem 19. Jh., Mobiliar aus Nussbaumholz, Kamine, Sekretäre, Esszim-

Ronda
aus der Nähe betrachtet

mer...., reinster kastiLischer Stil unserer rondesischen Möbel.
Von Haus sehen wir auf das

Guadalevíntal mit seinen Wassermühlen und Obst-und Gemüseplantagen, „tierra de peros y membrillos" (Land der Birnbäume und Quitten), und die Mauern der Albacara, 13. Jh. Sie liegen dort, wo die Schlucht mehr als 100m Tiefe erreicht, und bildeten Teil des natürlichen Verteidigungssystems, den der Tajo in diesem Bereich geformt hat. Fast ausserhalb gelegen, hatten sie den Zweck eine zweite Aussenmauer und Schutzort für das Vieh, im Falle von Gefahr oder Belagerung, zu bilden. Sie enthielten zwei Tore, „La Puerta del Viento" (Das Tor des Windes), das das Tal mit der Albacara verband und „La Puerta de los Molinos o Arco de Cristo" (Das Tor der Mühlen oder Christusbogen), das Zugang zum Grund des Tajo mit seinen Getreide- und Ölmühlen gab.

• **ERNEST HEMINGWAY**
...und von Angesicht zu Angesicht treffen wir mit der jähen Schönheit des Tajo zusammen, die Ernest Hemingway zur eigentümlichen Beschreibung in seinem Buch "Tod am Nachmittag" brachte: Nach Ronda muss man gehen, sollte man einmal nach Spanien fahren. Die Stadt unterrichtet, und ihre Umgebung ist eine romantische Dekoration. Es ist ein sehr schöner Ort. In einen Kreis aus Bergen gebaut, auf eine Hochebene, die durchschnitten ist von einer Schlucht, die zwei Städte trennt..., nach den Stierkämpfen bringen sie die toten Pferde bis zum Rand des Felses, wo die Vögel, die den ganzen Tag auf ihre Schicht gewartet haben, sich über ihre Reste hermachen".

• PLAZA DE TOROS, *corrida goyesca.*

Ronda

aus der Nähe betrachtet

EIN BESUCH IN RONDA: ROUTE 3
„Plaza de Toros" (Stierkampfarena)
Promenade Blas Infante und Allee (Alameda)
Fliesentafel für Blas Infante
Beschreibung des Historischen Andaluzismus
Orson Welles-Gedenktafel
„Convento de la Merced"
(Kloster der Gnade)
„Plaza- Iglesia del Socorro"
(Platz - Kirche des Beistands)
„Templete Virgen de los Dolores"
(Tempel der Jungfrau der Schmerzen)
„Monumento a Giner de los Ríos"
(Giner de los Rios- Denkmal)
„Plaza e Iglesia de los Descalzos"
(Platz und Kirche der Barfüssermönche)
„Barrio de las Peñas" (Stadtviertel der Felsen)
„Balcón Rondeño" (Rondesischer Balkon)

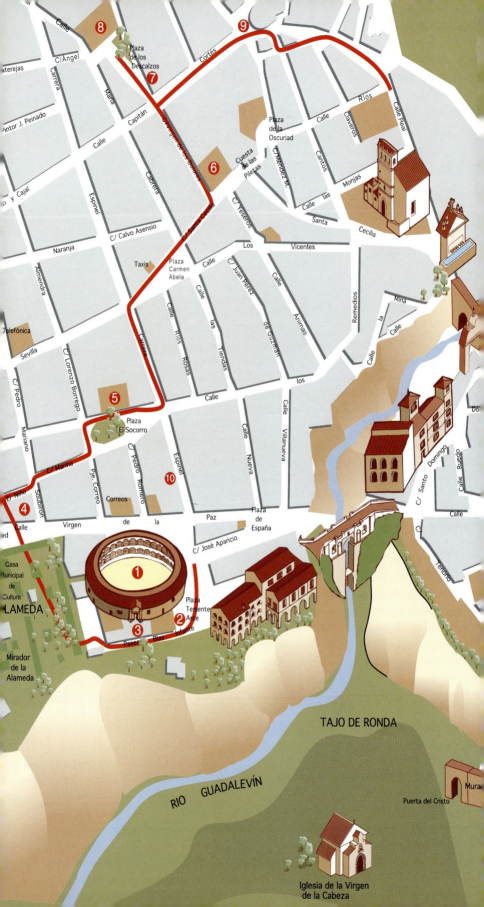

RONDA
aus der Nähe betrachtet

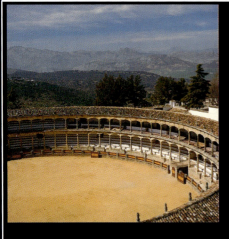

■ **DIE STIERKAMPFARENA VON RONDA**

Heiligtum des Stierkampfes zu Fuss, ist die ältesterhaltene von allen gebauten Stierkampfarenen des modernen Stierkampfes. Man weihte sie am 11. Mai 1784 ein, aber das Abrutschen eines Teils der Treppe machte es nötig, sie zu restaurieren und nochmals zur Messe im Mai 1785 einzuweihen mit dem Auftritt Pedro Romeros und seines Rivalen Pepe Hillo. Sie ist Eigentum des „Real Cuerpo de la Maestranza de Caballería" (königlicher Korps der Ritterschule) von Philip II, gegründet 1572.

Die Arena bildet einen perfekten Kreis mit zweifachem Bogenwerk über 136 toskanischen Säulen, hervorzuheben ist die königliche Loge mit reichlicher Verzierung und kannelierten Säulen. Sie besitzt 5000 Plätze, eine Steinabsperrung und eine Arena von 66 m Durchmesser.

Zur Zeit finden in ihr nur noch sehr wenige Stierkämpfe statt. In der zweiten Septemberwoche feiert man den traditionellen goyesken Stierkampf zu Ehren Pedro Romeros (1754-1844), der die Grundregeln des modernen Stierkampfs beisteuerte: Parieren, Besänftigen, Zustossen. Er tötete fast 6000 Stiere und war der Gründer der rondesischen Schule.

Die Fassade
Neoklassisch mit barocken Details. Der Rundbogen wird von tuskischen Säulen flankiert, darüber sitzt ein gesprengter Giebel mit dem Wappen der "Real Maestranza" (Königlichen Meisterschule) und einem Rondesischen Schmiedeeisenbalkon mit Anspielung auf den Stierkampf.

Ihr Stierkampfmuseum ist eine Dauerausstellung der grossen rondesischen Dynastien: Romeros und Ordoñez; ausserdem Abbildungen (Gravuren), Lithografien, Zeichnungen…Anspielungen auf die Welt der Stierkämpferkunst und die Geschichte der „Real Maestranza" (Königlichen Meisterschule). Wir müssen hervorheben: ein goyesker Anzug von Antonio Ordoñez, eine Reitlederjacke aus dem 18 Jh.

Auf dieser Fotografie, aufgenommen in Ronda im Jahre 1959, sehen wir Cayetano Ordoñez „Niño de la Palma", Ernest Hemingway und Antonio Ordoñez. Auf der linken Seite sehen wir Orson Welles 1964. Seine Asche ist beigesetzt in einer Gruft der Finca „el Recreo" (Die Erholung), Eigentum der Familie Ordoñez.
Foto Cuso.

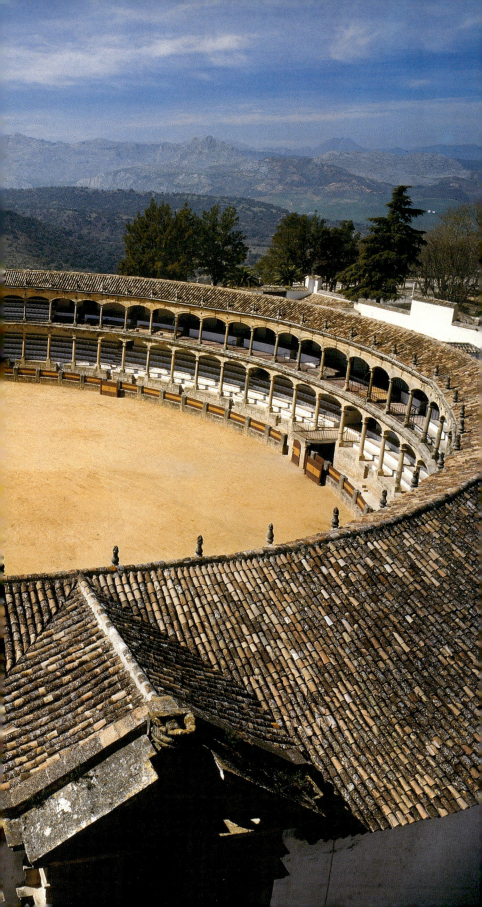

Ronda
aus der Nähe betrachtet

- **Tal des Guadalevín**
Ansicht der Alameda, angelegt zu Beginn des 19. Jh. Es sind die wichtigsten Gärten von Ronda, wo der Tajo die Tiefe von 177m erreicht. In diesen Gärten trifft man auf das Denkmal zu Ehren des Gründers der rondesischen Dynastie, Don Pedro Romero, vom Küstler Vicente Bolós, 1954

Promenade Blas Infante und Allee (Alameda)

„Azulejo a Blas Infante" (Fliesentafel für Blas Infante) Vater des historischen Andaluzismus. In diesen Gärten lag das Espinel Theater (1909-1975).

Seitlich findet man die Gedenktafel der Feier des ersten Georgistisch-Hispanoamerikanischen Kongresses über die Einheitssteuer und die andalusische Versammlung im Jahre 1918, wo man die Basis des **historischen Andaluzismus** mit der Erschaffung des andalusischen Wappens und der grün- weissen Fahne schuf.

RONDA
aus der Nähe betrachtet

Am Eingang der Gärten der Alameda findet man die Gedenktafel zu Ehren von Orson Welles aus dem Jahre 2000. Seine Asche wurde nach seinem Willen im „Recreo de San Cayetano", Eigentum der Familie Ordoñez, Strasse von Campillos, Km 1, am 7. Mai 1987 beigesetzt.

„IGLESIA-CONVENTO DE LA MERCED" (Klosterkirche der Gnade) (rechtes Foto) Sie wurde als Weihung der „Ntra. Sra. De la Merced" (Unsere Frau der Gnade) durch den Orden der Mercedarier am Ende des 16. Jh. gegründet. Die Kirche entspricht einem manieristischen Mudejarstil. Sie enthält drei Schiffe, obwohl nur das Mittlere benutzbar ist, die Seitenschiffe sind zugemauert und umgebaut in Zellen und kleine Räume. Die Fassade ist errichtet aus Bruchsteinmauerwerk und Sichtmauerwerk aus Backsteinen, aus der aus einer Seite ein achteckiger Turm mit eckigen Pfeilern emporsteigt. Herauszuheben ist sein Steinportal mit Halbbogen und darüber eine Mauernische mit dem Bild des Ordensgründers, San Pedro Nolasco. Seit 1924 leben hier Karmeliterinnen

• DIE RELIQUIE, Linke Hand von Santa Teresa de Jesús; typische Produkte von Konditorwaren und die vor kurzem realisierte Restaurierung des Gebäudes im Jahre 1999 rechtfertigen einen Besuch dieses Klosters (unteres Foto).

Ronda
aus der Nähe betrachtet

• „Iglesia del Socorro" (Kirche des Beistands) *vor seiner Zerstörung im Bürgerkrieg, 1936 Unteres Bild*

■ **Iglesia del Socorro.** (Kirche des Beistands) Sie erhebt sich über einer primitiven Wallfahrtskapelle und war königlicher Sitz des Maestre de Calatrava während der Eroberung der Stadt. Diesem ersten Bau vom Ende des 16. Jh. schloss man ein Armen- und Pilgererhospital an, das den Namen Beistand erhielt. Zu Anfang des 18. Jh. wurde die Wallfahrtskapelle zerstört, und 1709 an ihrer Stelle eine neue Kirche gebaut. 1836 errichtete man eine Pfarrkirche, die später, im Jahre 1936, zerstört wurde. Die aktuelle Kirche ist ein neuer Entwurf und wurde 1956 vollendet. Sie ist sehr repräsentativ für die politische Situation ihrer Bauzeit: Im Giebelfeld der Fassade befindet sich das kaiserliche Wappen, umfasst vom Adler des San Juan (Heiliger Johannes).

Ronda
aus der Nähe betrachtet

• **KASINO ODER KÜNSTLER-KREIS DES MONTERREYSTILS, ENDE DES 19. JH.**

• **PLAZA DEL SOCORRO**
(Platz des Beistands)
Geschaffen, um den Rondesern einen offenen Raum zum Spazierengehen in den langen Wintern und im Schatten der Socorro- Kirche zu stiften. Man stattete den Platz mit Brunnen und Baumbepflanzung aus und am Ende des 19. Jh. konstruierte man das grosse Gebäude des Kasinos und Künstlervereins. Mit der letzten Umgestaltung im Jahre 1994 hat der Platz den Freiraum und die Schönheit, für die er konzipiert war, wiedererlangt.

Der Jugendstil, eingeführt durch den rondesischen Architekten Santiago Saguinetti (1875-1930), wird die repräsentative Architektur des rondesischen Bürgertums zu Beginn des 20 Jh. Eine perfekte Vereinigung zwischen benutzten Materialien und Dekorationselementen, mit Eisen als bevorzugtem Material.

• **PLAZA DEL SOCORRO,**
(Platz des Beistands),
Foto aus dem Jahre 1944 (unten)

Unten relevante Häuser des rondesischen Jugendstils, auf dem Socorro- Platz.

RONDA
aus der Nähe betrachtet

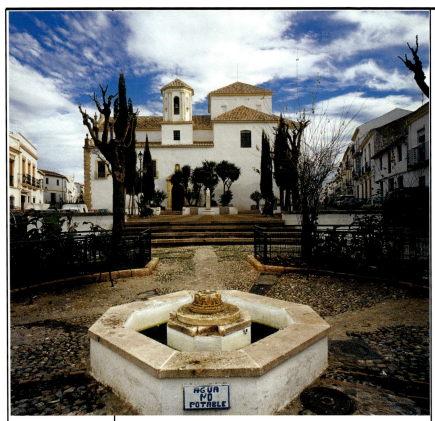

- **DENKMAL** zu Ehren des berühmten Rondesers Don Francisco Giner de los Ríos (1839-1915), Lehrer des Liberalen Intellektualismus und Schöpfer der freien Lehranstalt. Dieser Platz war Ort für öffentliche Exekutionen während des 17. und 18. Jh.

- **RONDESISCHER BALKON**, (auf der rechten Seite), geschmiedet 1793. In der Strasse Espinel (Hauptstrasse).

- **PLATZ DER BARFÜSSERMÖNCHE** An diesem kleinen Platz feiert man jedes Jahr die traditionellen Feste der Johannisnacht oder Johannisfeuer, und feiert damit den Sommeranfang.

- **KIRCHE DER BARFÜSSERMÖNCHE**, Pfarrkirche der Santa Cecilia im Jahre 1875. Sie besitzt einen kreuzförmigen Grundriss mit drei Schiffen, das Mittlere ist das Grösste und ist verziert mit pflanzlichen Elementen, unterteilt von den anderen zwei Schiffen durch dicke einzelnstehende Pfeiler und korinthische Wandpfeiler, die die schweren Rundbögen tragen. Die Fassade stellt eine harmonische und barocke Einheit mit einem schönen Doppelspiel von geteilten Giebeln dar, sowohl in der Mitte derselben mit ihren Seitenbalkonen, als auch im Portal des alten Klosters. Ein erhöhtes Atrium, abgeschlossen von einem dicken geschmiedeten rondesischen Gitter, komplettiert den Eingang.

Ronda
aus der Nähe betrachtet

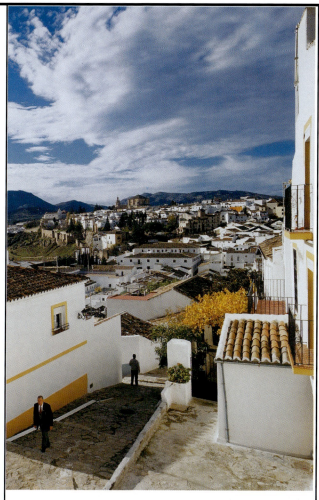

• **TEMPEL DER JUNG-FRAU DER SCHMERZEN.** (unten) Gebaut zur Zeit Königs Ferdinand VI, im Jahre 1754. Die Kapelle hat eine rechteckige Grund-fläche, verziert mit Muschel- mit pflanzlichen Stilelementen. Am Kopfende befindet sich eine Mauernische mit dem Bild der „Virgen de los Dolores" (Jungfrau der Schmerzen). Das originellste und erwähnenswerteste aber sind die zwei ionischen Säulen, an die sich 4 antropomorphe Figuren anlehnen, befestigt an der Säule mit einem Strick um den Hals. Die Inneren haben das Aussehen von Vogelmännern und fallenden Engeln, und die Äusseren sind Menschen ähnlich, wobei soziale Unterschiede in Haarpracht und physischer Erscheinung erkennbar sind. Diese Figuren entsprechen dem manieristischen Geist im 18. Jh.

• **STADTVIERTEL DER FELSEN**
Gehen wir die Strasse Capitán Cortés hinunter, so treffen wir beim "Alten Krankenhaus der Heiligen Barbara" mit dem schönen Fachwerk der Strassen, die dieses „Barrio de las Peñas" formen, zusammen. Wir können irgendeine der Strassen nehmen und kommen an der „Calle Real" (königliche Strasse) im „Barrio Padre Jesús" an, um dort eines der weniger bekannten Bilder von allen Spaziergängen durch Ronda anzutreffen. Es ist ein Entdecken von weissen Häusern, Fenstergittern, Geranien und Jasmin, Nachbarhöfen und wappengeschmückten Häusern, die uns an die Pracht erinnern, die unsere "königliche Strasse" hauptsächlich während des 16., 17. und 18. Jh. besass. Eine Einführung in dieses romantische 19. Jh., ein Jahrhundert der freigiebigen Räuber, Stierkämpfer und Maultiertreiber, verarmter junger Herren und Schmuggler aus dem Bergland.

Ronda
aus der Nähe betrachtet

EIN BESUCH IN RONDA: ROUTE 4
EIN SPAZIERGANG DURCHS STADTVIERTEL SAN FRANCISCO
MINARETT VON SAN SEBASTIÁN
„IGLESIA DEL ESPÍRITU SANTO"
(HEILIG-GEIST- KIRCHE)
DIE TORE VON ALMOCÁBAR UND KARL V
FELSKIRCHE „VIRGEN DE LA CABEZA"
(JUNGFRAU DES HAUPTES)

Links, Kirche "Virgen de la Cabeza"

ROUTE 4

- ⓪ EIN SPAZIERGANG DURCHS STADTVIERTEL SAN FRANCISCO
- ① MINARETT VON SAN SEBASTIÁN
- ② HEILIG-GEIST- KIRCHE
- ③ DIE TORE VON ALMOCÁBAR UND KARL V
- ④ FELSKIRCHE DER JUNGFRAU DES HAUPTES

Ronda
aus der Nähe betrachtet

- **Das Minarett** befindet sich auf dem beeindruckenden Platz des rondesischen Dichters Abdul Becca, 13. Jh. Es ist das einzig erhaltene arabische Minarett in Ronda nach der Rückeroberung. Es wird so genannt, weil die Moschee, die diesen Ort bis im Jahr 1485 einnahm, umgewandelt wurde in eine dem heiligen Sebastian gewidmete Kirche.

■ **Das Minarett von San Sebastián**

Gebaut im 14. Jh. unter nasridischer Herrschaft, gestaltet es sich aus 3 Teilen: Der Untere aus Quadersteinen, mit einem hufeisenförmigen Tor, mit einem vorspringenden „alfiz" und einer Türschwelle, verziert mit Schleifen aus Stein und keramischen Scherben aus grüner Farbe. Der mittlere Bereich ist aus Sichtmauerwerk mit zwei kleinen Fenstern mit geometrischer Dekoration von Ziegelflechtmuster auf jeder Seite konstruiert. Und schlussendlich, der obere Teil, aus der christlichen Epoche, gebaut als Glockenturm der Kirche, mit 4 Öffnungen und bedeckt von einem Mudejarstildach.

Ronda
aus der Nähe betrachtet

Ein Spaziergang durchs Stadtviertel von San Francisco

Eine Stadt zu entdecken, heisst sie kennenzulernen, ihr Abbild prägt sich in die Erinnerung ein und die Sehnsucht nach ihr lädt uns ein wiederzukommen.

• **Ansicht** des Stadtviertels von San Francisco

• **Die Kirche des Heiligen Geistes** ist sein repräsentativstes Monument. Sie wurde auf Befehl des Königs „Fernando el Católico" (Ferdinand der Katholische), über der Moschee, die im Arrabal Alto zwischen 1485 und 1505 existierte, gebaut. Sie ist ein gotisches Gebäude mit einigen Renaissance- Elementen, die nur ein Schiff, unterteilt in 2 Abschnitte durch einen grossen Triumphbogen, enthält. Ihr barocker Hauptaltar bedeckt praktisch die ganze mittlere Apsis mit einem Gemälde, welches im oberen Teil die Ankunft des Heiligen Geistes darstellt. Im mittleren Teil existiert ein anderes Gemälde auf Holz mit „La Virgen de la Antigua" (Die Jungfrau von alters her) im bezaubernden byzantinischen Stil.

• **La Iglesia del Espíritu Santo**, auf der linken Seite, vom Bau her nüchtern und zurückhaltend, errichtete man sie während der Rückeroberung des Königreichs von Granada. Man vollendete sie 1505, im Todesjahr der Königin „Isabel la Católica" (Isabel der Katholischen). Sie war im 16. und 17. Jh. die Hauptkirche von Ronda.

RONDA
aus der Nähe betrachtet

- **ALMOCÁBAR**
Dieses Tor bekam seinen Namen vom arabischen Wort „Al-maquâbir", Tor des Friedhofes. Es war das Haupteingangstor und Zugang zum Barrio Alto (Oberstadt) und zur moslemischen Medina durch die verschwundene „Puerta de las Imagenes" (Tor der Bilder). Vor ihr das eingeebnete Gelände, genutzt von den Arabern als „Musalla" (Ort für grosse religiöse Feiern) und „Musara" (Exerzierplatz).

- **LA PUERTA DE ALMOCÁBAR** „Al maquâbír" , das Friedhofstor. Gelegen im südlichen Teil und im am wenigstgeschützten Teil des Madinat. Man baute es am Ende des 13. Jh., Anfang 14. Jh., zwischen 2 halbkreisförmigen Fetsungstürmen aus Bruchsteinmauerwerk mit drei Bögen, die zwei Äusseren in Hufeisenform und der Mittlere in Ovalform mit Öffnung für das Fallgattertor. In der Mitte des 16. Jh., zu

Zeiten von König Karl I, fügte man ein weiteres Fallgattertor im Renaissancestil hinzu. Es besteht aus einem Rundbogen aus Stein, darüber ruht ein grosses königliches Wappen, das der Kaiseradler zur Geltung bringt. Vor den Toren liegt der grosse Platz auf dem man die kleine Kirche "Iglesia de Ntra. Sra. de Gracia" (Kirche unserer Dame der Gnade), Schutzheilige der „Real Maestranza de Caballería de Ronda" (Königliche Ritterschule von Ronda), findet.

Ronda
aus der Nähe betrachtet

Kirche Unsere Dame des Hauptes

Sie wurde aus dem Sandstein durch Eremiten zwischen dem 9. und 10. Jh. ausgegraben und von der mozarabischen Gemeinschaft Rondas während der islamischen Herrschaft genutzt. Sie gehört zum Typ der Basilika- Kirche mit zwei Bereichen: Einer war für den Gottesdienst und der andere für das Mönchsleben bestimmt. Der Hauptbereich, bestimmt für den Gottesdienst, besteht aus einem Mittelschiff, in dem sich der Hauptaltar befindet, und drei senkrecht davon gelegene Schiffe. Die Sakristei weist einige Nischen im Stein auf, um Bilder zu befestigen, und unter dem Altar befindet sich eine Gruft.

- **Virgen de la Cabeza**
(Jungfrau des Hauptes)
Wir nehmen die Landstrasse in Richtung Algeciras, genau in der „Pila de Dña. Gaspara" biegen wir nach rechts ab, um den Weg zu nehmen, der uns bis zur „Virgen de la Cabeza" (Jungfrau des Hauptes) bringt. Wir geniessen eine sanfte und ruhige Fahrt von 30 Minuten und die ganze Zeit über unvergleichliche Ansichten einer Stadt, gebaut auf einem Giganten aus Fels, der durch die Zeiten herausgefordert von diesem Ort sensible Geister wie Rainer Mª Rilke oder David Bomberg inspirierte.

- **Romería**
Um ein sehr populäres Andachts bild aus dem 18. Jh., das lange Zeit als Schutzherrin in Prozessionen getragen wurde, zelebriert man, eine grosse Wallfahrt am 2. Sonntag im Juni. Dann, finden sich viele Rondeser um ihre Jungfrau herum zusammen, um sie durch Ronda zu tragen.

Ronda
aus der Nähe betrachtet

Route 5

Erster Tag:
Spaziergang durch den „Parque Natural de las Nieves" (Naturpark des Schneegebirges)

Zweiter Tag:
Spaziergang durch das „Valle del Alto Genal" (Tal des oberen Genal)
Cartajima - Igualeja
Pujerra - Júzcar
Fraján - Alpandeire
Atajate

Dritter Tag:
Spaziergang durch die „Pueblos Blancos" (Weissen Dörfer)
Arriate - Setenil
Acinipo „Ronda la Vieja" (Das alte Ronda)
Turm Alháquime
Olvera - "Santuario Ntra. Sra. De los Remedios" (Heiligtum unserer Herrin der Abhilfe)
Zahara de la Sierra
Grazalema und sein Naturpark
Montejaque
Benaoján

Das Dorf Cartajima

RONDA
aus der Nähe betrachtet

RUNDGANG DURCH DEN NATURPARK DER „SIERRA DE LOS NIEVES"

- *Die Stille seiner Umgebung siehst du durch den majestätischen Flug des Königsadlers oder durch den verstohlenen Rückflug eines Wanderfalken, die reichlich vorhanden sind in dieser Umgebung. Vielzählige Herden von Bergziegen mit einigen Rehen ergötzen uns bei Wanderungen in das Innere des Parks. Die sehr wahrscheinlichen Begegnungen mit Füchsen und Frettchen vollenden einen unvergesslichen Tag an diesem paradiesischen Ort unseres Gebirgslandes.*
- **PINSAPO ABIES BOISSIER** *(rechtes Foto)*

Wenn wir den Stadtteil von San Francisco in Richtung Costa del Sol, A-376, verlassen und dann die Landstrasse von San Pablo de Alcántara nehmen, finden wir uns nach und nach gegenüber von eindrucksvollen Kalkmassen der Sierra Hidalga, Melequetín und Oreganal und am Fusse des „Torrecilla de la Sierra de las Nieves" (Türmchen der Sierra de las Nieves), der mit seinen 1919 m der höchste Punkt unseres Gebirgslandes und der Provinz von Málaga ist. Im Moment ist diese Bergeinheit von dicht belaubten Wäldern und reicher Vegetation der Naturpark der „Sierra de las Nieves". Der Besuch dieses Parks ist sehr lohnenswert und nimmt weniger als einen Tag in Anspruch. Um hierherzukommen müssen wir die Landstrasse in Richtung Mar- bella bis zu Km 13 fahren. Dort biegen wir nach links ab (Strasse in gutem Zustand) und folgen dem Schild von Rajete oder „Parque Natural Sierra de las Nieves". Nach zwei Kilometern teilt sich die Strasse in 2 Strassen auf und wir nehmen die nach links gehende. Wir fahren weiter, lassen auf der rechten Seite das Landgut der „Nava de San Luis" und kommen bald an den Zaun, der die Bergzie-

Ronda
aus der Nähe betrachtet

gen am Verlassen des Parks hindert. Wir öffnen es, fahren hindurch, schliessen es wieder und folgen unserem Weg, der uns in den Raum des Bergeichenwaldes bringt. Von hier aus können wir uns bequem zu Fuss im ganzen Parks bewegen. Jeder Pfad lässt uns unvergessliche Landschaften entdecken. Eine gute Wahl ist der Weg zum „Peñon de Ronda" (Fels von Ronda)(1286 m), links , oder die Hauptroute, rechts, die uns bis zum Gipfel des „Torrecilla"(1919 m) bringt.
Auf dieser zweiten Route ist der Weg interessant und lehrreich. Hier treffen wir auf den grössten Umfang an „Pinsapo Abies Boissier" des ganzen europäischen Mittelmeerraumes. Während des Aufstiegs sehen wir uns von prächtigen Wäldern von Bergeichen, Kiefern und Eschen begleitet. Noch dazu von einigen interessanten Mitgliedern der Koniferen-Familie, wie der Eibe, aber immer umhüllt von aromatischen Pflanzen dieser Sierra, wie Zistrose, Thymian und Rosmarin.

Erreichen wir den Gipfel, „La Torrecilla", erfreuen wir uns einer beeindruckenden Aussicht auf die Costa del Sol von Gibraltar bis Fuengirola und zu seiner nordöstlichen Seite entdecken wir die Kapelle „Ntra. Sra. de las Nieves", 16. Jh., an deren Abhang wir die Dörfer El Burgo und Yunquera entdecken. An klaren Tagen können unsere Augen die Atlaskette im Norden von Afrika oder die weissen Gipfel der Sierra Nevada erspähen.

Sehr wahrscheinlich ist ein Zusammentreffen mit Füchsen, Frettchen…, die einen unvergesslichen Tag an diesem paradiesischen Ort unserer Gebirgslandschaft vollenden.

• **DER PARQUE NATURAL SIERRA DE LAS NIEVES**, *von der UNESCO zum Biosphärenschutzgebiet ernannt, besitzt den grössten Umfang an „Pinsapo Abies Boissier" des ganzen europäischen Mittelmeerraumes, einer primitiven Baumspezies mit Ursprung im Tertiär, endemisch auf unserer Halbinsel.*

RONDA
aus der Nähe betrachtet

- **DAS GENALTAL** ist eine Explosion von drei Farben und Kontrasten von Kulturen und Traditionen. Der Holzschlag des Kastanienbaums, seine Gärten, seine Wirtshäuser und Restaurants mit anspruchsvoller Küche und die ländlichen Unterkünfte sind die Haupteinnahmequellen dieses paradiesischen Tals. Empfehlenswert sind die Moste, Branntweine, „migas" (fritierte Brotkrumen) und Produkte aus Schweinefleisch.

SPAZIERGANG DURCH DAS TAL DES OBEREN GENAL

Paseo por el Valle del Alto Genal" (Spaziergang durch das Tal des oberen Genal) Wir nehmen wieder die Landstrasse der Costa del Sol,

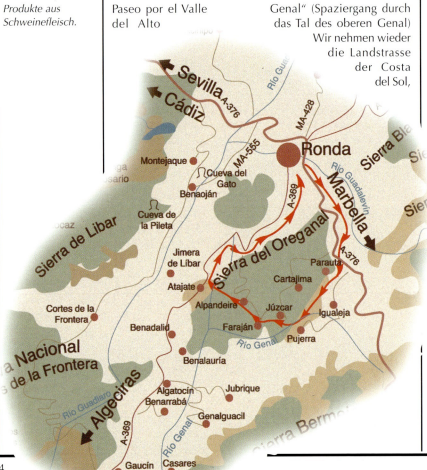

Ronda
aus der Nähe betrachtet

A-376, und treffen 10 km von Ronda entfernt auf der rechten Seite auf den Wegweiser der Landstrasse Igualeja-Pujerra. Wir fahren in Richtung Igualeja durch einige trockene Kalkhügel hindurch. Wo die Strasse eng wird, öffnet sich vor uns ein Panorama von lebendigen Farben von rot, gelb und grün mit einem kleinen weissen Dorf im Hintergrund, das aussieht, als ob es durch die Klippen abrutschen würde, es ist Cartajima. Die Kleinstadt von Cartajima müssen wir sagen, weil sie dafür König Ferdinand VII vorgesehen hatte.

Das Dorf, welches danach vor unseren Augen auftaucht, ist Igualeja. Es ist sehr bekannt in unserer „Serranía" (Gebirgsland) für seine Arbeitsamkeit, seine Feiern und weil am Dorfeingang auf der linken Seite der Genalfluss entspringt, der das Tal, das wir kennenlernen werden, in eines der wenigen erhaltenen Naturparadiese von Andalusien gestaltet. Wir fahren die Landstrasse nach Pujerra weiter. Es sind 6 km, die uns ständig einladen stehenzubleiben, um die jahrhundertealten Kastanien zu betrachten. Pujerra widmet sich mit seiner Bevölkerung von in etwa 320 Einwohnern wie viele andere Dörfer in seinem Umfeld dem Holzschlag und der Schweine-

• **DIE KLEINSTADT CARTAJIMA** (*oberes Foto*). *Eingehüllt in Wälder aus Kastanien, Steineichen und Korkeichen, widmet sich seine Bevölkerung von 325 Einwohnern fast ausschliesslich dem Holzeinschlag und dem Kastanienhandel. Es ist ein guter Ort, um sich an Wochenenden zu erholen und Bergwandern zu gehen, ausserdem ausgestattet mit guten ländlichen Unterkünften und malerischen Wirtshäusern, in denen man die Küche und die Serrano(Berg)-Produkte kennenlernen kann.*

RONDA
aus der Nähe betrachtet

• **IGUALEJA**
Sein Ursprung ist berberisch wie der der Mehrheit der Gebirgsdörfer. Mit einer blühenden Bevölkerung von 1100 Einwohnern widmet man sich hauptsächlich dem Kastanienschlag und dem Handel, Schweinefleischerzeugnissen und handwerklichen Produkten. Berühmt sind seine „Fiestas Patronales de San Gregorio" (Schutzheiligenfeiern des Heiligen Gregor) Ende August, und die "Feier des Feuerstiers".

und Ziegenzucht. Kehren wir zurück auf die Landstrasse nach Igualeja und nach einem Kilometer nehmen wir den Waldweg auf der linken Seite, der uns nach Júzcar führt. Die sehr ruhige Fahrt hinab zum Genalfluss wird begleitet von Korkeichen, Steineichen und Kastanien. Das Erreichen des Flusses ist ein Entdecken einer Fülle von Wildwasser, heute Fischschutzgebiet, mit Resten alter Mühlen, Gärten, Orangenhainen, Obstbäumen und dem Gefühl, einen paradiesischen Ort anzutreffen. Fahren wir nach Júzcar weiter. Wir unterbrechen den Aufstieg, um die Lage des Dorfes von Pujerra in 770m Höhe zu betrachten, und entdecken weiter das Dorf Jubrique, 900

Einwohner, das uns aus der Ferne wie ein weisser Fleck aus Kalk zwischen Baumwollsträuchern erscheint. In seiner Prachtzeit besass es Weinkeller, Schnapsbrennereien und Bergbau. In der heutigen Zeit ist es, wie die anderen Dörfer in der Umgebung, in die Industrialisierung und den Kastanienexport eingebunden. Seine geschichtliche Bedeutung im Genaltal stammt auch von der San Francisco- Kirche, der alten arabischen Moschee, her. Wir kommen in Júzcar an. Ein genauso kleines Dorf wie Pujerra mit in etwa 250 Einwohnern, das sich auch der Kastanie, einigen Gemüsefeldern, Olivenhainen und Weinbergen widmet. Am Ortsrand, beim Fluss, war die

RONDA
aus der Nähe betrachtet

königliche Blechfabrik unter der Herrschaft von Philipp V zu Beginn des 18. Jh. eingerichtet. Die Weinproduktion und die Schnapsbrennung waren die wichtigsten Einnahmequellen der Mehrheit dieser Dörfer in der Vergangenheit. Heutzutage können wir in jedem dieser Dörfer einen exquisiten Most während der Monate November und Dezember geniessen.

Wir fahren nach links weiter bis wir beim „Deleitoso"(wonnevollen) Dorf Faraján, wie sein arabischer Name bedeutet, ankommen. Die Landschaft scheint sich hier zu ändern, die dicht belaubten Kastanienwälder werden ersetzt durch einen bergigen Bereich aus Gebüschen und Zistrosen, wo das Schweine- und Ziegenvieh sehr stark verbreitet ist. Seine heutige Bevölkerung von 315 Einwohnern widmet sich fast ausschliesslich dem Kastanienschlag und der Viehzucht, es bleibt ein guter Ort, um den „jamón serrano" (Bergschinken) und die gute Hausmannskost zu geniessen Man isst gut in „Casa Remedios". Es muss eine sehr reiche und wichtige Zone gewesen sein, wie die zahlreichen religiösen, noch gut erhaltenen Gebäude zeigen: „Iglesia de Ntra. Sra. Del Rosario" (Kirche unserer Frau des Rosenkranzes) vom Anfang des 16. Jh, „Iglesia de San Sebastián" (Kirche des heiligen Sebastian), „Ermita del Santo Niño" (Wallfahrts-

• **PUJERRA,** oben, ist eine weisse Perle inmitten von dicht belaubten, mit Farben gefüllten, Kastanienwäldern.

• **HUNDERTJÄHRIGER KASTANIENBAUM,** links, steht an der Landstrasse Igualeja-Pujerra im Tal des oberen Genal

RONDA
aus der Nähe betrachtet

•**ALPANDEIRE,** *Foto oben.*
Hier anzuhalten heisst sich in die Betrachtung des Rosenkranzes der weissen Dörfer in der Ferne des Genaltales zu versenken.

kapelle des Heiligen Kindes), oder „Convento de los Carmelitas" (Kloster der Karmeliter). Setzen wir unseren Weg, die Strasse nach Alpandeire nehmend, fort. Wir beobachten, dass die Landschaft zerbricht, wir fahren von grünen und rötlichen Kastanienwäldern zur weissen und grauen Kalklandschaft, von der waldigen

Fruchtbarkeit ins trockene Ödland. Alpandeire ist eine Kleinstadt, weil es der König so genehmigte, und ist eine Kirchengemeinde wegen der Grösse seiner Pfarrkirche San Antonio. Eine Kirche aus dem 16. Jh., restauriert im 18. Jh., die sich heraushebt als grosse Kathedrale im bescheidenen Städtebau seiner Umgebung. Sie ist eine Kleinstadt

RONDA
aus der Nähe betrachtet

von 320 Einwohnern und lebt von der Schweine- und Ziegenzucht und einem dürftigen Ackerbau. Als Geburtsort des wundertätigen Kapuzinermönchs Bruder Leopold von Alpandeire ist es ein Wallfahrtsziel für viele seiner Anhänger. Exquisit sind seine Öltorten, sein Kaninchen in Tomatensauce und seine Spargel-Getreidekuchen. Verlassen wir dieses Dorf, eines der ersten von den Arabern gegründeten Dörfer in dieser Serranía und bald sehen wir, inmitten dieser nackten und trockenen Landschaft zur Linken den Wegweiser, der uns Villafria anzeigt, wo Bruder Leopold von Alpandeire wohnte. Es ist ein sehr plötzlicher Wechsel. Gewundene Kurven durch ein nacktes Umfeld, das uns bis zum Fluss der „Sierra de los Perdigones" (Bergkette der Rebhühner) mitnimmt. Wir kommen an der Kreuzung der Landstrasse Ronda- Algeciras, A-369, an. Wenn wir nach rechts fahren, sind wir in 10 Minuten wieder in Ronda. Biegen wir nach links ab, können wir das Tal "Valle del Bajo Genal" (Tal des Unteren Genal) mit Dörfern wie Atajate, Benadalid, Algatocín, Benarabá oder Gaucín sehen.

• **ATAJATE,** *150 Einwohner. Es besass eine Burg und war ein sehr wichtiges Dorf auf dem Weg von Algeciras- Gibraltar bis nach Ronda. Ein Pfad von Schmugglern, „petaqueros" (Wanderer mit Taschen) und „mochilleros" (Wanderer mit Rucksäcken), Pferdetreibern und Schürzenjägern, begleitet von romantischen Dichtern und Abenteurern. Sein Mostfest am Novemberende ist eine Einladung, diesen ruhigen Ort zu besuchen.*

• **JÚZCAR,** *Unten*

RONDA
aus der Nähe betrachtet

SPAZIERGANG DURCH DIE WEISSEN DÖRFER

• **DIE ROUTE**
Ein sehr einfach zu realisierender Weg, erholsam durch die Felder und Olivenhaine, durchsetzt mit Landgütern und Bauernhöfen, mit iberischen Schweineherden zwischen Steineichen- und Korkeichenwäldern und Ziegen- und Schafherden. Eine Route, die uns das Leben unserer landwirtschaftlichen Dörfer mit ihrer charakteristischen Herzlichkeit und Schlichtheit erläutert.

Lassen wir Ronda zurück und nehmen die Landstrasse von Campillos, A-367, kurz darauf biegen wir nach links, MA-428, Richtung ARRIATE ab. Sein Name stammt von einem arabischen Bauernhof „Arriadh", was Obstgarten bedeutet. Es ist Gemeinde seit 1661 und im Moment besitzt es eine Bevölkerung von 3450 Einwohnern. Seine Verarbeitung von exzellenten Schweinefleischprodukten, seine handwerkliche Herstellung von Möbeln und die Produktion von Olivenöl verwandeln es in ein produktives und fleissiges Dorf. Kennenlernenswert sind auf jeden Fall die Traditionen der Glockenläuter und Ankündiger, seine Karwoche oder die "Fiestas patro-

RONDA
aus der Nähe betrachtet

nales de San Pedro (Schutzheiligenfeste vom Heil. Petrus).
Lassen wir Arriate zurück, um zu den rondesischen Gegenden von „La Cimada" und „Los Prados" bis zur Grenze der Provinz Málaga weiterzufahren. Wir gelangen in die Proviz von Cádiz, bis wir bei SETENIL ankommen.
Vor uns, in 18 Km Entfernung, erscheint OLVERA. Begleitet von Oliven-und Steineichenbergen, kommen wir am Guadalporcún-Fluss an, biegen nach links ab und entdecken eine ungewöhliche Kleinstadt, „SETENIL DE LAS BODEGAS". Eine Kleinstadt, wie sie die Katholischen Könige vorsahen, mit 3115 Einwohnern.
Eine fesselnde Kleinstadt, wo unberührte Strassen unter dem Fels, der von der Feuchtigkeit und Geschichte abrutschte, gebaut wurden. Seine Höhlen

OLVERA
*Oberes Foto. Altes Herrschaftsgebiet der Herzöge von Osuna, die sich in den Schlüsselpunkt während der Wiedereroberung verwandelte. Als Grenzstadt zwischen dem unteren und oberen Andalusien gelegen, ist es ein Ort der Wallfahrt für viele Andalusier, nicht nur wegen seines prächtigen Pfarrkirchentempels in neoklassischem Stil, beendet Mitte des 19. Jh., sondern vielmehr wegen des Heilig-tums seiner wundertätigen Schutzheili-gen, der „Virgen de los Remedios" (Jungfrau der Abhilfe), ausserhalb der Stadt gelegen, aus dem 16. Jh.
Auf der linken Seite, „Setenil de las Bodegas"*

RONDA
aus der Nähe betrachtet

- **SETENIL DE LAS BODEGAS,**
*Oberes Foto.
Gelegen in einer Ecke der Provinz Cádiz und eingeschlossen von der Provinz Málaga. Eine Kleinstadt, ausgezeichnet und verteidigt durch verstärkte Mauern, deren Geschichte sich zusammen mit der von Ronda und seiner Gegend entwickelt. Sie wurde von den Katholischen Königen im September 1484 zurückerobert.
Auf der rechten Seite, das römische Theater von Acinipo, umgeben von einer grossen Menge von Steinen und Ziegeln. Es besitzt enge Rangreihen oder „caveas", die in den Stein gehauen sind.*

und alte kühle Weinkeller wurden in weisse Häuser, eingehüllt in Stein, verwandelt. Im oberen Teil von Setenil, an der rechten Seite, die Landstrasse CA-413, die uns bis nach Olvera bringt. Auf der Linken die Landstrasse, die uns bis Acinipo und dem Dorf von Gastor, Balkon von Andalusien, führt.

Entscheiden wir uns, ACINIPO zu besichtigen, in nur 2 km Entfernung auf der linken Seite, begegnen wir der Landstrasse MA-449, die uns bis zu den Ruinen von Acinipo,"Tierra de Vino o Ronda la Vieja" (Land des Weins oder altes Ronda) mitnimmt. 800 m über dem Meeresspiegel gelegen, im Herzen des römischen Andalusien. An seinem Eingang, rechts, iberische Fundorte, die zu einer Ortschaft der Bronzezeit im 8. und 9. Jh. v. Chr. gehören. Kommen wir zum Dorf von SETENIL zurück und nehmen die Landstrasse Setenil-Torre Alháquime-Olvera, CA-413. Es ist eine enge Landstrasse mit gutem Strassenbelag, die ganze Zeit begleitet vom Guadalaporcún-Fluss, bis wir zum Dorf „de Torre Alháquime" gelangen.

Dieses Dorf von 924 Einwohnern auf der Räuberroute stellt sich uns wie ein Gemälde aus weissen Häusern, als Lockvogel

Ronda
aus der Nähe betrachtet

unseres Andalusiens vor. Land von Räubern und Bergmenschen, Wachturm an der Grenze zwischen den Königreichen von Sevilla und Granada bis zur Eroberung durch König Alfons XI. Ein grosses Mosaik am Eingang, mit der Legende von José Mª Hinojosa „El Tempranillo" (Der Frühe) verpflichtet uns stehenzubleiben: Der König befiehlt in Spanien, im Gebirgsland befehle ich. Seine Pfarrkirche der „Virgen de la Antigua", 18. Jh., seine Reste der arabischen Festung und ein Spaziergang durch seine ruhigen und weissen Strassen sind obligatorische Ziele für einen Aufenthalt. Nach 5 km kommen wir in Olvera mit 8715 Einwohnern an. Nach einem kurzen Besuch seiner Kirchen und der Festung, nehmen wir die Landstrasse A-382, Richtung Jerez de la Frontera. Nach 14 km guter Landstrasse lassen wir zur Rechten das Dorf Algodonales liegen und in Folge nehmen wir zur Linken die Landstrasse, CA-531, die uns einen Stausee umfahrend bis zur Kleinstadt „Zahara de la Sierra" bringt.
Sie hat eine Bevölkerung von 1580 Einwolmern und war der obligatorische Übergang für Personen, Tiere und Söldner an der Grenze zwischen den Königreichen von Sevilla und Granada.

• **Zahara de la Sierra,** *Foto oben. Ihre gewundenen Strassen mit Orangen - und Zitronenbäumen, ihre am Burgberg klebenden Häuser, ihre hervorragenden Ausblicke zum Stausee, ihr angenehmes klima am Rand der Sierra de Grazalema im gleichnamigen Naturpark verdienen einen ausgiebigen Besuch.*

Ronda
aus der Nähe betrachtet

- **GRAZALEMA,** *Hier wird die grösste Niederschlagsmenge Spaniens mit einem Mittel von 2000 mm//Jahr gemessen.*

- **OLVERA,** „Nuestra Señora de los Remedios" (Unsere Frau der Abhilfe), oberes Foto.
- **ALCORNOQUE,** Korkeiche, rechts, an der Strasse Ronda-Grazalema.

Sie bewahrt den alten Uhrturm (la Vieja Torre del Reloj) aus dem 16. Jh. und ihre Burg aus dem 13. Jh.
Lassen wir Zahara zurück und nehmen die Landstrasse, die als Arroyo Molino angegeben ist. Diese Landstrasse führt uns über den ganzen Rand des Stausees aus dem Jahre 1991 zwischen Schaf und Ziegenherden, die aus gutem Grund den Käse unserer Gebirgslandschaft weltbekannt gemacht haben. Wir folgen der alten Landstrasse Sevilla-Ronda. In unserem Aufstieg zum Bergpass von Montejaque, 705 m, begleitet uns der Naturpark von Grazalema bis zur Ankunft an der Kreuzung der Landstrasse A-372. Grazalema, 2490 Einwohner. Seine Feiern „del Toro de Cuerda" (Stier am Strang), seine Kirche der „Virgen de la Estrella" (Jungfrau des Sterns), 18 Jh. Seine ruhigen friedlichen Strassen und bezaubernden Winkel, mit einer Landschaft voll von Steineichen, Korkeichen,

RONDA
aus der Nähe betrachtet

- **NATURPARK VON GRAZALEMA**
Gelegen im westlichsten Teil der „Serranía" von Ronda, wurde er zum Biosphären-Naturschutzgebiet 1977 und zum Naturpark 1984 erklärt. Genauso wie der „Parque de Sierra de las Nieves" (Park der Schneeberge) findet man hier eine Baumvielfalt des Tertiärs von „Abies Pinsapo Boissier".

Bergeichen und Johannisbrotbaumwald, begleitet von Buschwald wie Zistrose oder Ginster und medizinischen Pflanzen wie dem Oregano oder dem Lavendel; dichtbesiedelt von Hirschen, Füchsen und Ginsterkatzen und ausserdem eine der zahlreichsten Gänsegeier-Kolonien von Spanien, verpflichtet uns, eine Exkursion zu dieser Kleinstadt und ihren Park einzuprogrammieren.

In Folge treffen wir auf die Landstrasse, A-376. Wir biegen nach rechts ab, und nach 300 m, rechts, nehmen wir die MA-505, Richtung MONTEJAQUE-BENAOJÁN. Durch einen schönen Wald von Bergeichen, den leeren Stausee von MONTEJAQUE zur Rechten liegenlassend und den Eingang der Höhle von Hundidero, die in Verbindung mit der „Cueva del Gato" (Katzenhöhle) steht und Teil davon bildet, kommen wir bei Montejaque an.

- **MONTEJAQUE,**
das Dorf wird umfasst von der „Sierra del Hacho", wie sein Name bedeutet „Montaña Perdida" (verlorener Berg) ist es ein Rosenkranz aus weissen Häusern, hängend an seinem Berg.

Ronda
aus der Nähe betrachtet

• **Die „Cueva de la Pileta"** *(Höhle des kleinen Beckens), Seine majestätischen Kalksteinräume und Galerien, geschaffen durch die Natur im Spiel mit seinen Stalaktiten und Stalakmiten, gestalten die Räume „de los murciélagos" (der Fledermäuse), „de la catedral" (der Kathedrale), „de la mujer muerta" (der toten Frau), „del Pez" (des Fisches), „del órgano" (der Orgel)... einige in rot oder gelb sind datiert auf ein Alter von zwischen 12000 und 15000 Jahren. „La Sala del Santuario" (Raum des Heiligtums) ist der am meisten herauszuhebende Ort der Höhle wegen seiner menschlichen Figuren und 14 Darstellugen aus der Solutréenzeit. Die trächtige Stute ist die repräsentativste Darstellung.*

Ein Dorf arabischen Ursprungs und altes Herrschaftsgebiet des Grafen von Benavente, das im Moment eine Bevölkerung von 950 Einwohnern besitzt. Setzen wir unseren Weg zum Rücken des „Mure"-Hügels bis zur Ankunft im Dorf BENAOJÁN fort. Dieses Dorf besitzt zur Zeit eine Bevölkerung von 1615 Einwohnern und war ebenso altes Herrschaftsgebiet des Grafen von Benavente.

Die fleischverarbeitende Industrie ist die Haupteinnahmequelle der Bevölkerung. Aber wir nehmen am Dorfeingang auf der rechten Seite die Landstrasse zur Höhle „de la Pileta-Cortes de la Frontera", MA-505, und durch Einschnitte und Klippen kommen wir nach 4 km am Pantheon des frühgeschichtlichen Andalusiens „La Cueva de la Pileta" (Höhle des kleinen Beckens) an. Wir setzen die Reise nahe am Fluss fort, lassen links die „Cueva del Gato" (Katzenhöhle) liegen. Gemüseplantagen und Landgüter

sehen wir auf unserem Weg bis zur Ankuft bei den Militäranlagen der vierten Fremdenlegion. Letztendlich treffen wir wieder die Landstrasse Sevilla-Ronda. Wir biegen nach rechts ab und nach 2 km erreichen wir Ronda.